가족집단 컨퍼런스

앨런 맥래, 하워드 제어 지음
하태선, 김성호, 배임호 옮김

대장간

정의와 평화 실천 시리즈
가족집단 컨퍼런스

지은이   앨런 맥래, 하워드 제어
옮긴이   하태선, 김성호, 배임호
재판1쇄   2017년 12월 28일

펴낸이   배용하
본문디자인   윤순하
등록   제364-2008-000013호
펴낸곳   도서출판 대장간
             www.daejanggan.org
등록한곳   대전광역시 동구 우암로 75-21
편집부   전화 (042) 673-7424
영업부   전화 (042) 673-7424 전송 (042) 623-142

분류   회복적 정의 | 청소년문제 | 갈등해결
ISBN   978-89-7071-430-1   13330

이 책은 저작권법에 의해 보호를 받는 출판물입니다.
기록된 형태의 허락 없이는 무단 전재와 복제를 금합니다.

값 7,000원

차례

감사의 글

나는 이 책을 저술하는 과정에서 도움을 준 분들께 감사의 뜻을 전하고자 한다. 먼저, 마오리족과 특히 두 기관Kahungunu Ki Poneke Community Services와 Mokai Kainga Maori Centre 관계자 여러분께 감사를 드린다. 청소년들에 대한 그들의 안내와 지지는 나를 끊임없이 이끌어 주었다.

또한 뉴질랜드 경찰 소속 웰링턴 '청소년 지원 서비스'Youth Aid Service 기관에 고마움을 전한다. 그들은 뉴질랜드 전역에서 활용할 수 있는 최상의 실천 모델을 개발하는 과정에서 내게 큰 도움을 주었다. 가족집단 컨퍼런스에 참여하고 결과물을 이끌어 내기 위해 헌신하는 그들의 사명감은 실천 모델의 성공에 크게 기여했다.

나는 헨우드Henwood 판사께 감사를 표한다. 헨우드 판사는 개발 중인 모델을 웰링턴 지역에 널리 활용하도록 허락해 주었고, 협조와 협력을 통하여 격려해 주었다.

마지막으로, 나는 웰링턴 지역에서의 전개되고 있는 활동들의 중요성을 인정하고 이를 널리 알려 준 KPMG 자문단 분들께 감사를 드린다. 그들은 개발된 모델에 '전국 혁신 대상'National Supreme

Award for Innovation을 수여했는데, 이 상은 모델 개발에 참여한 모든 사람들에게 큰 기쁨을 주었다.

앨런 맥래

우리는 이 책을 위해 여러 가지 제안을 해준 디 톰프킨스Dee Tompkins, 칼 스타우퍼Carl Stauffer, 보니 프라이스 로프턴Bonnie Price Lofton, 자럼 사와츠키Jarem Sawatsky, 리타Rita Hatfield, 제살린 나시 Jessalyn Nash, 프레드 매켈레스F.W.M. McElres 판사께 고마움을 전하고자 한다. 그러나 그들의 좋은 제안들에도 불구하고, 이 책의 견해와 결점은 전적으로 우리의 책임이다.

앨런 맥래, 하워드 제어

서 론

'가족집단 컨퍼런스'에 대하여

그동안 진행했던 가족집단 컨퍼런스Family Group Conferences를 되돌아 생각해 보노라면, 나는 여러 가지 감정에 사로잡히게 된다. 이러한 감정은 내가 그들과 함께하며 보아 왔던 고통에서 비롯되었지만, 더욱 중요한 것은 내가 참여하며 목격했던 치유와 용서의 강렬한 과정에서 왔다.

1,000번 이상 가족집단 컨퍼런스를 진행하면서, 나는 종종 "어떻게 사람들이 그런 고통을 타인에게 줄 수 있을까?"라는 의문을 갖곤 했다. 나는 결국 가족집단 컨퍼런스를 진행하는 과정에서 이 의문을 풀게 되었다. 놀랍게도 가해자들은 자신의 범죄가 피해자와 그 가족들에게 어떤 영향을 미쳤는지, 피해자들을 대면하는 고통스러운 순간에서조차 가해자들은 자신이 그들에게 얼마나 큰 상처트라우마를 입혔는지 깨닫지 못한다. 가해자들은 피해자들이 자신의 상처를 치유하고 회복하여 삶을 되찾고 더 나은 삶을 계속 이어가는 것이 얼마나 힘든 과정인지 이해하지 못한다.

내가 가족집단 컨퍼런스를 신뢰하는 이유는, 가족집단 컨퍼런스가 진행되면서 가해자가 자신이 피해자에게 무슨 일을 저질렀고 어떤 피해를 입혔는지를 비로소 깨닫는 것을 직접 보았기 때문이다. 가해자가 자신의 과오를 통렬하게 느끼고, 그래서 어떤 식으로든 보상과 사과를 통해 책임을 지려고 하고 돌이킬 수 없는 것을 바로잡으려고 몸부림칠 때 치유가 일어난다는 것을 나는 알게 되었다.

13세 소녀에게 세 차례의 성폭행을 저질러 기소된 16세 소년의 이야기를 예로 들어 보자. 이 이야기는 가족집단 컨퍼런스가 심각하고 복잡한 사건을 어떤 식으로 다룰 수 있는지를 입증하는 한편, 원칙을 기반으로 한 가족집단 컨퍼런스 실천 방법이 어떤 효과를 낼 수 있는지를 잘 보여 주고 있다.

가해자 로버트라고 부르기로 하자는 다섯 살 때부터 소아성애자의 피해자였다. 로버트의 어머니는 로버트를 소아성애자들의 모임이나 소아성애자들을 위한 프로그램에 데리고 다녔다. 간단히 말하면, 로버트는 적절한 성적 경계에 관해 배우지 못했던 것이다.

이 사건의 피해자인 조애나 역시 과거에 성적 피해를 당했던 피해자였다. 조애나는 근친상간을 당하면서 자신의 힘으로 대처할 수 있는 유일한 방법을 발견했다. 그것은 바로 성폭력을 당할 때면 정신을 잃음으로써 자신의 정신을 육체로부터 이탈시키는 것이었다.

보호가 필요했던 로버트와 조애나는 청소년 보호소에서 함께 생활하게 되었다. 한 집에 산 지 얼마 지나지 않아, 로버트는 조애나의 방에 침입했다. 로버트가 조애나에게 성적 접근을 했을 때, 조애나는 자신이 아는 한 가지 방법, 즉 정신을 잃는 방식으로 대응했다. 정신을 잃은 조애나가 말이나 행동으로 거부한다는 의사 표현을 하지 못하자, 로버트는 두 번이나 더 조애나를 성폭행했다. 분명한 것은, 로버트는 조애나에게 어떠한 동의도 받지 않았다는 것이다.

나는 조애나의 보호자와 사회복지사와 함께 조애나를 찾아가 조애나의 권리에 관해 설명해 주었다. 자신의 권리에 관해 듣고 난 뒤, 조애나는 가족집단 컨퍼런스에 참관하고 싶지만, 가해자와 같은 공간에 함께 있고 싶지는 않다고 말했다. 나는 조애나가 가족집단 컨퍼런스에 직접 참석하지 않고 옆방에서 모니터를 통해 지켜보는 방식으로 가족집단 컨퍼런스를 진행하기로 했다. 또한 나는 조애나에게 조애나 대신에 가해자에게 의사를 전달해 줄 대리인을 참여시킬 수 있다고 제안했다. 조애나가 사회복지사와 성인 여성 친구와 함께 가족집단 컨퍼런스를 옆방에서 지켜보고 있는 동안, 조애나의 요구에 따라, 조애나의 대리인이자 보호자가 가족집단 컨퍼런스에 참석했다.

가족집단 컨퍼런스는 저녁 시간에 두 차례에 걸쳐 계속되었으며, 당사자들이 원하는 결정 사항을 도출하기 위해 많은 정보들이 제공되었다. 가족집단 컨퍼런스가 진행되는 동안에, 조애나는 대리인을 통해 로버트에게 세 차례 쪽지를 전달했다. 첫 번째 쪽지는 가해자인 로버트에게 직접적으로 이의를 제기한 것으로, 로버트가 자신이 저지른 일에 충분한 책임을 지지 않았다는 내용이었다. 그래서 로버트는 사과를 하고, 모든 책임을 지기로 했다. 두 번째 쪽지에서, 조애나는 자신이 받고자 하는 호신술 강습의 수강료를 로버트가 지불하기 바라며, 이를 위해서 그가 직업을 유지하기 원한다고 요구했다. 세 번째 쪽지에서, 조애나는 자신이 회복 초기 단계에 있는 동안에 로버트와 마주치지 않기를 바란다고 밝혔다. 조애나는 자신의 거주지뿐만 아니라, 주말 저녁에 자신이 주로 다니는 곳에도 로버트가 접근하지 못하도록, 심지어 경찰과 동행한다 해도 로버트가 자신을 방문하지 못하게 해달라고 요구했다.

가족집단 컨퍼런스를 통해 조애나의 모든 요구 사항을 충족시킬 수 있는 계획이 만들어졌다. 로버트는 직장을 계속 다닐 수는 있었지만, 경찰의 동행 없이는 어떤 이유로도 직장에서 벗어날 수 없었다. 그는 매일 집에서 직장까지, 직장에서 집까지 이송되었다. 로버트가 성범죄자를 대상으로 한 치유 프로그램을 완벽히 이수할 때까지 그의 24시간 보호관찰 상태가 유지되었다. 24시간 보호관찰을 포함한 조애나의 모든 요구 사항들을 최소 6개월 동안 성실히 준수하는 것이 보석의 조건이었다. 만약 이 보석 조건을 위반한 사실이 발각된다면, 로버트는 그 즉시 체포될 것이었다. 또한 로버트는 19세가 될 때까지 사회복지국장Director General of Social Welfare의 보호감독을 받아야 했다. 아울러, 경찰은 더 낮은 혐의인 성추행 unlawful sexual connection으로 기소가 변경될 수 있다는 것에 동의했다.

요약하면, 가족집단 컨퍼런스는 피해자의 요구를 충족시켜 주기 위한 계획을 만들어 냈고, 총체적인 프로그램으로 가해자를 관리함으로써 지역사회에 장단기적으로 해를 입힐지도 모르는 위험 요소를 줄여 주었다. 가해자는 자신이 저지른 일에 책임을 지게 되었으며, 그의 법정 비용은 최소화되었다.

가족집단 컨퍼런스가 끝난 후, 나는 조애나가 그날 이후 어떻게 지내고 있는지를 알아보기 위해 조애나의 보호자에게 전화를 걸었다. 보호자는 이렇게 말했다. "정말로 놀라운 일이 일어났어요. 우리가 지난밤 조애나의 집을 방문했을 때, 조애나가 방으로 들어오며 말했어요. '난 더 이상 이 코트를 입을 필요가 없어요.'라고 말이에요. 조애나는 코트를 벗어 방바닥에 던져 버렸어요." 조애나는 성폭행을 당한 이후로 계속 그 코트를 입고 있었다. 가족집단 컨퍼런스 이후로 조애나는 바뀌었다. "조애나는 전과는 완전히 달라졌어요. 마치 엄청나게 무거운 짐을 벗어 던진 것처럼 보였고, 얼굴에는 환한 미소와 활기가 가득 찼어요."

로버트는 경찰에 DNA 샘플을 제출하고 조애나의 호신술 수강료를 지불하는 등 자신의 책임을 완수했다. 로버트는 사회복지 후견인guardianship of Social Welfare의 보호 아래 보호관찰 과정과 장기간의 프로그램을 끝마쳤다. 그는 다른 사람에게 피해를 끼쳐서는 안 된다는 사실을 깨달았으며, 자신이 지역사회 안에서 성공적이고 긍정적으로 살기 위해서는 주변 사람들의 도움이 필요하다는 것도 알게 되었다.

가족집단 컨퍼런스에서 합의된 최종 실행 계획은 통상적인 사법 제도의 영역을 넘어서는 것이었다. 원래 가해 청소년은 교도소에 수감되어야만 했다. 범행 당시의 로버트는 재범을 저지를 우려가 높아 보였고, 궁극적으로 지역사회 안에서 제대로 살아갈 수 있으리라는 어떠한 여지나 희망도 보여 주지 못했다. 그런데 경찰이 혼자 그 책임을 떠맡으려 하지 않은 것이 다른 가능성을 끌어내게 된 획기적인 계기가 되었다. 경찰은 판사가 책임지기를 원했고 판사는 이에 동의했으며, 이는 결국 후회 없는 선택이 되었다.

6개월 동안 로버트는 합의한 내용을 성공적으로 완수해서 소년 법원에서 벗어나게 되었다. 조애나는 열세 살에 불과했지만 가족 집단 컨퍼런스를 통해 스스로의 회복에 필요한 여러 가지를 관철해 낸 매우 강인한 소녀였다.

나는 이 사례를 통해 아무리 어린 피해자라도 자신의 의사를 제대로 표출하는 것이 매우 중요하며, 과잉보호는 오히려 피해자의 잠재 역량을 떨어뜨릴 수 있다는 것을 배웠다. 조애나는 어려도 자신의 안녕을 위해 무엇이 필요한지를 잘 알고 있었으며, 가족집단 컨퍼런스를 통해 스스로의 회복을 주도할 수 있었다.

이 책에 대하여

이 책의 주제인 가족집단 컨퍼런스는 뉴질랜드에서 아동 복지 문제는 물론 심각한 청소년 범죄 문제의 해결에서 중요한 역할을 수행하는 전형적인 포럼으로 여겨지고 있다. 이 책은 소년사법 영역에서 활용되는 의사 결정 과정인 가족집단 컨퍼런스와, 여기에 기반을 두고 구축된 소년사법 제도에 관해 소개하고 있다. 1989년 뉴질랜드에 소개된 가족집단 컨퍼런스 – 때로는 '지역사회 집단 컨퍼런스community group conference' 또는 '지역사회 책임 컨퍼런스community accountability conference'라고 부르기도 함 – 는 세계 여러 지역에서 뿌리 내리고 있다. 가족집단 컨퍼런스는 아동 복지, 학교 교육, 청소년 및 성인 사법 제도와 같은 다양한 분야에서 의사 결정 절차로 사용된다. 실제로 가족집단 컨퍼런스는 회복적 사법 정의의 가장 촉망받는 모델 중의 하나로 자리매김하게 되었다.

가족집단 컨퍼런스에는 몇 가지 다른 형태가 있으며, 가장 널리 알려진 것은 오스트레일리아에 적용된 모델이다. 이 모델은 영국의 탬스밸리 경찰서와 캐나다 기마경찰royal Canadian mounted police 등 북아메리카의 많은 지역사회 경찰서에서 채택한 접근 방법에 많은 영향을 미쳤다. 이 책에서 소개하는 뉴질랜드 모델은 심사숙고할 만한 몇 가지 독특하고 중요한 특징을 가지고 있으며, '가족집단 컨퍼런스'라는 용어를 처음 사용한 원형 모델이기도 하다.

이 『가족집단 컨퍼런스』 소책자는 뉴질랜드 모델의 가족집단 컨퍼런스를 소개하고 있다. 우리는 가족집단 컨퍼런스의 전반적인 접근 방법을 기술하고, 가족집단 컨퍼런스가 실행되는 구체적인 방식에 대해 정보를 제공할 것이다.

완벽한 실행 매뉴얼은 아니지만, 독자들은 이 책에서 가족집단 컨퍼런스에 대한 다양한 기본 원리들을 확인할 수 있을 것이다. 특히 『회복적 정의 실현을 위한 사법의 이념과 실천』 *The Little Book of Restorative Justice* 또는 회복적 사법 정의와 관련된 자료들과 함께 사용할 때 유용한 기본 원리들도 확인할 수 있다. 몇몇 접근 방법들은 지금까지 다양한 환경에 적용되어 왔으며, 앞으로도 그러할 것이다.

그렇다고 하더라도 우리는 이 모델을 단순하게 모방해서 사용하는 것에 대해서는 주의를 주고자 한다. 뉴질랜드의 가족집단 컨퍼런스는 참가자의 문화적 배경에 적합하도록 고안된 것이므로 단순하게 모방해서는 안 되며, 다른 상황에 그냥 끼워 맞춰서도 안 된다. 이 모델 중 독자들의 상황에 적합한 것을 찾고, 그 필요에 따라 적용하기를 권고한다. 또한 그 적용 과정에서 이해 당사자들범죄 행위로 인한 영향을 가장 많이 받은 사람들과 지역사회 주민을 비롯한 소수 집단의 목소리에 귀를 기울이는 것이 매우 중요하다는 것을 잊지 말아야 한다. 또한 우리는 원칙적으로 실천 현장의 기본 규칙을 준수할 것을 강조한다. 우리는 가족집단 컨퍼런스 원칙에 대한 논의의 출발점으로 회복적 사법 정의의 기본 개념을 제안한다.

간략하게 이 책의 저자에 관해 소개하면, 앨런 맥래Allen MacRae
는 뉴질랜드 남부 지역의 코디네이터 매니저로서, '소년사법'Youth
Justice과 '돌봄과 보호'Care and Protection라는 두 기관에서 진행하는
가족집단 컨퍼런스를 지도 감독한다. 그는 이 일을 맡기 전에는,
뉴질랜드 웰링턴Wellington 지역의 소년사법 코디네이터로 일했다.
이 소책자는 그가 이곳에서 경험했던 것들을 체계화해 기술한 책
이다. 이 책에서 '나'라는 대명사는 앨런을 가리킨다. 이 책의 공
동 저자인 하워드 제어Howard Zehr는 미국 버지니아 주의 해리슨버
그Harrisonburg에 위치한 이스턴 메노나이트 대학의 갈등 전환 프로
그램Conflict Transformation Program의 공동 책임자이자, 세계적으로는
회복적 사법 정의 분야의 창시자 중 한 사람이다. 그는 강의와 자
문을 위해 뉴질랜드를 자주 방문했다. 앨런과 하워드는 몇 년 동안
서로 만나고, 함께 가르치고, 낚시를 같이 하며 친구가 되었다. 우
리의 관점과 재능이 녹아 있는 이 책을 통해 가족집단 컨퍼런스 실
천이 당신에게 도움이 되기를 바란다.

제1장 · 개요

1980년대, 뉴질랜드는 다른 서구 국가들처럼 위기에 직면하게 되었다. 수천 명의 아이들, 특히 소수민족의 아이들은 집을 떠나 보호 시설이나 위탁 가정으로 보내졌다. 하지만 소년사법 제도는 이러한 아이들을 제대로 감당하지 못했다. 뉴질랜드는 소년 교정 시설 입소율이 세계에서 가장 높은 국가 중 하나였으며, 청소년 범죄율도 높았다. 당시, 뉴질랜드의 응보적 사법 접근은 일종의 '복지 모델'을 따랐다. 다시 말하면 소년범들은 처벌을 받는 동시에 다른 한편으로는 돌봄의 대상이 된 것이다. 그들은 자신이 저지른 범죄로 인해 발생한 실제적인 손상에 대해 책임지도록 요구받지도 않았다.

이러한 제도는 특히 뉴질랜드의 소수 원주민인 마오리족의 영향을 받은 것이었다. 마오리족 지도자들은 서구 사법 제도를 외국의 처벌 제도라고 여겼다. 마오리족의 문화적 전통에서 재판관은 범죄자에게 아무런 처벌도 부과하지 않았다. 반면에 전체 지역사회가 모든 과정에 참여했고, 최종 목표는 회복이었다. 마오리족은 가해자를 비난하는 데 집중하지 않고 "왜 그런 일이 일어나게 되었는가?"에 대해서 알기를 원했다. 범죄 원인을 찾는 것이 해결의 일환이라 여겼기 때문이다. 그들은 처벌 대신 "수치를 주는 것은 처벌과 같다."라는 마오리족 속담이 있음 회복과 문제 해결에 관심을 가졌다. 또한 마오리족은 서구의 사법 제도가 광범위하고 제도적인 인종 차별의 한 유형이며, 가족 관계를 약화시키고 마오리족 소년들을 부당하게 소년 교정 시설에 입소시킨다고 여겼다. 마오리족에게 문화적 정체성이란 법, 종교, 교육이라는 세 가지 주요한 제도적 축의 근간이 되는 것이며, 이것들 중 어느 하나라도 원주민의 가치와 전통을 폄하하거나 무시한다면 인종 차별을 하는 것이라고 설득력 있게 주장했다. 이러한 관심에 힘입어, 1980년대 말, 뉴질랜드 정부는 전국적으로 지역사회 경청 프로그램process of listening to communities을 시작했다. 마오리족은 지역사회 경청 프로그램이 확대 가족 가족 및 친지과 지역사회의 자원들이 당면한 문제를 해결하는 데 중요한 원천이 될 것이라고 힘을 실어 주었다. 가족집단 컨퍼런스는 이 과정에서 아동 보호와 소년사법 제도의 중추적인 도구로 떠올랐다.

1989년 뉴질랜드 입법부는 '아동·청소년과 가족에 관한 법The Children, Young Persons and Their Families Act'이라는 획기적인 법안을 통과시켰다. 이 법안은 뉴질랜드 소년사법 제도의 주안점과 집행 과정을 완전히 개편시켰다. '아동, 청소년과 가족에 관한 법'은 이후 개정되었으나, 뉴질랜드는 세계 최초로 회복적 사법 정의를 제도화한 나라가 되었다. 이후 가족집단 컨퍼런스는 뉴질랜드 소년 사법 제도의 중심이 되었다. 오늘날 뉴질랜드에서는 가족집단 컨퍼런스가 법정을 대신해 소년사법 문제의 해결을 위한 결정을 이끌어 내는 일상적인 현장이 되고 있다.

• 가족집단 컨퍼런스는 참석자들을 존중하고 그들에게 권한을 주는 한편, 확대 가족과 지역사회의 자원들을 활용한다.

▶ 뉴질랜드 가족집단 컨퍼런스의 특징

- 중범죄를 다룬다.
- 전체 소년사법 제도의 중추이다.
- 원칙에 따라 운영된다.
- 총체적 결과를 추구한다.
- 합의라는 의사 결정을 사용한다.
- 가족 중심이다.
- 가족 협의가 제공된다.
- 문화적 적합성과 타당성을 고려한다.

가족집단 컨퍼런스

가족집단 컨퍼런스는 의사 결정 모임의 하나로서, 가해자와 가해자의 가족, 피해자와 조력자들, 경찰 관계자 등이 직접 참여하는 모임이다. 소년사법 기관의 조정자와 사회 서비스 전문가가 가족집단 컨퍼런스를 진행한다. 이 접근 방법은 가해자가 자신의 행동에 대해 책임을 느끼고 스스로 자신의 행동을 변화시킬 수 있도록 도움을 줄 뿐만 아니라, 가해자의 가족들이 가족집단 컨퍼런스에서 중요한 역할을 수행하도록 권한을 주는 동시에 피해자의 요구가 잘 전달되도록 설계되었다. 가족집단 컨퍼런스는 사법 제도와 연계된 회복적 사법 정의 프로그램과 달리, 단지 배상만 다루는 것이 아니라 전체적인 결정 사항이나 법적 처분을 종합적으로 다룬다. 가족집단 컨퍼런스의 진행 방식 중에서 매우 중요하면서도 특별한 점은, 그저 다수결 또는 판결에 의해서가 아니라, 모든 참석자들의 합의를 통해서 결과를 도출해 낸다는 것이다. 피해자, 가해자, 가족, 청소년의 옹호자, 경찰 중 누구라도, 단 한 명이라도 불만족스럽다면 이의를 제기할 수 있다.

대부분의 컨퍼런스들에는 공통적인 요소들이 있지만, 가족집단 컨퍼런스는 참석자들의 요구와 관점에 적합하게 진행되어야 한다. 가족집단 컨퍼런스를 진행하면서 추구해야 할 목표 중 하나는 문화적으로 적절하게 진행한다는 것이며, 또 다른 목표는 가족들의 역량을 강화한다는 것이다. 진행자의 역할은 가족 중에 누가 참석해야 하는지 결정하도록 돕고, 참석자들의 요구와 문화에 적합하게 진행 과정을 계획하는 것이다.

즉, 가족집단 컨퍼런스는 진행자가 미리 결정된 대본에 따라서 진행하는 모델은 아니다. 전반적으로 적용되는 일반적인 패턴이 있기는 하지만, 가족집단 컨퍼런스는 개별적인 상황에 맞춰 적절하게 진행되어야 한다. 하지만 대부분의 가족집단 컨퍼런스의 공통 요소는 가족 협의(family deliberations)이다. 가해자와 그 가족들은 무슨 일이 일어났는지를 함께 의논하고, 원상회복 방안을 모색하여 피해자와 다른 컨퍼런스 참가자들에게 돌아와 제안할 수 있도록 별도의 시간을 갖는다.

가족집단 컨퍼런스의 진행자는 다른 형태의 회복적 사법 정의 프로그램의 진행자들처럼, 모든 이해 관계자들 사이에서 균형을 잡고 공정성을 유지해야만 한다. 진행자는 가해자가 피해에 대해 보상할 뿐만 아니라 사건의 원인에 대해 진술하고 현실적이며 적절한 책임을 질 수 있도록 하는 실행 계획을 수립하도록 이끌어야 한다. 또한 진행자는 가족집단 컨퍼런스의 사후 관리와 모니터링에 관한 사안도 확실히 다루어야 한다. 가족집단 컨퍼런스의 전체적 계획에는 모니터링을 누가, 어떻게, 언제 하게 될 것인가를 결정하는 것도 포함된다.

구조

뉴질랜드에서 가족집단 컨퍼런스는 단순한 만남이나 회합이 아니라, 총괄적인 소년사법 제도의 중심이 되고 있다.

회복적 사법 정의 프로그램을 적용하는 대부분의 국가들과 지역 사회들은 사법 제도의 판단에 따라 가족집단 컨퍼런스나 다른 프로그램들을 각각의 사안에 맞게 활용하고 있다. 회복적 사법 정의는 법정 위주 사법 제도의 부가적이거나 대안적인 형식이다.

그러나 뉴질랜드에서는 가족집단 컨퍼런스가 기준이 되고, 법정이 가족집단 컨퍼런스를 뒷받침하고 있다. 살인 사건을 제외하고 대부분의 소년 중범죄 사건들은 가족집단 컨퍼런스에 회부되는 체계가 구축되어 있다. 경찰의 별도 부서의 소년 보호 담당관이 청소년을 담당하도록 되어 있다. 그들은 범죄 예방부와 법 집행부에서 일하지만, 동시에 검찰부에서도 일하면서 기소가 적합한지 또는 어떤 처벌이 적합한지를 결정하는 과정을 돕는다. 소년 보호 담당관들의 이러한 업무가 그들이 가족집단 컨퍼런스에 참여해야 하는 이유가 된다. 왜냐하면 가족집단 컨퍼런스에서 최종적인 기소 여부를 함께 결정하기 때문이다. 경찰은 특정 사건을 가족집단 컨퍼런스로 회부해야 하는지, 아니면 가족집단 컨퍼런스 없이 처리해야 하는지를 결정하는 데에서 중요한 역할을 한다.

경찰이 담당하는 소년 범죄 사건의 약 80%를 차지하는 대부분의 경미한 범죄는 경찰에 의해 '경고cautioning' 또는 '훈방release' 조치미국에서는 이것을 종종 '질책과 훈방reprimand and release'이라고 부름를 받거나, 비공식적으로 이루어지는 피해자-가해자 중재와 같은 우회적인 접근 방법으로 다루어진다.

고발된 소년이 혐의를 부인했으나 법정에서 고소 내용이 사실로 밝혀졌을 경우에는 반드시 가족집단 컨퍼런스로 다시 돌려보내야 한다. 이때 가족집단 컨퍼런스 참여자들은 입증된 범죄 사실을 어떻게 처리해야 좋을지를 법원에 권고하게 된다. 가족집단 컨퍼런스는 살인 또는 과실치사 범죄는 다루지 않지만, 이러한 사건에 연루된 가해자가 판결 또는 선고를 기다리는 과정에서 이들의 구금 문제를 다루기 위해 열리기도 한다. 가족집단 컨퍼런스가 구금의 대안으로 간주되는 것이다. 한편 가족집단 컨퍼런스에서는 구금 중인 가해 청소년에게 무엇이 필요한지, 예를 들어 문화적·종교적 요구나 그 밖의 다른 요구들, 가족들의 요구 사항 등을 논의할 수 있다. 또한 구금 중인 가해자에게 누구를 방문하도록 허락할 것인지를 제안할 수 있다.

뉴질랜드 법은 소년사법 가족집단 컨퍼런스의 네 가지 형태를 규정하고 있다. '구금 조치 컨퍼런스Custody Conference'는 가해 소년이 기소 내용을 부인했지만 구금 조치가 내려졌을 때 열린다. '유죄가 입증된 컨퍼런스Charge Proven Conference'는 가해 소년이 유죄임을 부인했지만 법정에서 유죄임이 밝혀졌을 때 법정의 요청을 받아서 열린다. '기소 의향 컨퍼런스Intention to Charge Conference'는 가해 소년이 체포되지 않은 상태에서 소년사법 기관의 조정자의 의뢰에 따라 열린다. 아동이나 청소년을 기소할 것인지, 어떤 방법으로 해당 사건을 다루어야 할 것인지를 결정할 때 열린다. '혐의가 인정된 컨퍼런스Charge Not Denied Conference'는 가해 소년이 체포되고 범죄에 대한 책임을 시인하는 경우에 법정의 요청으로 직접적으로 열리며, 다음과 같은 조치 중 하나를 제안하게 된다. 즉, 기소 내용을 판결에서 제외할 것인지의 여부, 기소 내용들을 다루기 위한 계획,

기소 내용의 수정, 법원이 해당 문제를 처분하는 방법을 제안한다.

대부분의 가족집단 컨퍼런스들이 법정의 결정에 중대한 영향을 미치는 것은 아니다. 가족집단 컨퍼런스는 선고 결정에 대해 권고를 하거나, 재판 모니터링이나 법 집행을 권고할 때에만 열리며, 이 과정을 모두 법정에서 감독한다. 어떤 경우에는 법정 명령에 의해 열린 가족집단 컨퍼런스가 더 비공식적인 절차를 진행하기 위해 기소를 철회해야 한다고 법정에 권고하기도 한다. 가족집단 컨퍼런스에서 가해자와 함께 수립한 계획이 완수될 수 있을 것이라고 경찰과 가족집단 컨퍼런스 참가자들이 확신하는 상황에서 가해자가 진정으로 후회하는 모습을 보이는 경우에만 가능하다. 뉴질랜드의 저명한 판사이자 회복적 사법 정의의 주창자인 프레드 매켈레스Fred McElres 판사는 이러한 접근이 법정이 아닌 지역사회가 의사 결정의 중심이 되는 적절한 방식이라고 주장했다.

뉴질랜드 법정에 서게 되는 청소년들의 숫자가 줄어들었을 뿐만 아니라, 그들을 다루어야 하는 시간도 줄어들게 되었다. 결과적으로 법정은 사법 처리 과정을 보호하거나 특별한 사건을 다루는 데 집중할 수 있다.

다음은 전반적인 소년사법 처리 과정 또는 체계를 간략하게 보여 주는 흐름도이다.

소년사법 처리과정

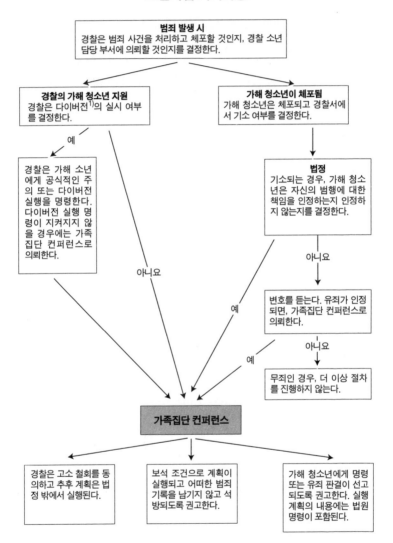

범죄 발생 시
경찰은 범죄 사건을 처리하고 체포할 것인지, 경찰 소년 담당 부서에 의뢰할 것인지를 결정한다.

경찰의 가해 청소년 지원
경찰은 다이버전[1]의 실시 여부를 결정한다.

가해 청소년이 체포됨
가해 청소년은 체포되고 경찰서에서 기소 여부를 결정한다.

예

경찰은 가해 소년에게 공식적인 주의 또는 다이버전 실행을 명령한다. 다이버전 실행 명령이 지켜지지 않을 경우에는 가족집단 컨퍼런스로 의뢰한다.

법정
기소되는 경우, 가해 청소년은 자신의 범행에 대한 책임을 인정하는지 인정하지 않는지를 결정한다.

아니요

아니요

변호를 듣는다. 유죄가 인정되면, 가족집단 컨퍼런스로 의뢰한다.

예

예

아니요

예

무죄인 경우, 더 이상 절차를 진행하지 않는다.

가족집단 컨퍼런스

경찰은 고소 철회를 동의하고 추후 계획은 법정 밖에서 실행된다.

보석 조건으로 계획이 실행되고 어떠한 범죄기록을 남기지 않고 석방되도록 권고한다.

가해 청소년에게 명령 또는 유죄 판결이 선고되도록 권고한다. 실행계획의 내용에는 법원명령이 포함된다.

---

1) 일반적으로 '공식적인 사법 절차로부터의 이탈' 이라는 뜻으로, 범법자의 사회 복귀와 재범 방지를 위해서 사법 처리 대신에 지역사회의 보호와 관찰 등을 실시하는 제도를 말한다.

제2장 · 실천 원리

뉴질랜드 소년사법 제도의 주춧돌은 가족집단 컨퍼런스이다. 경찰 단계부터 법정 단계에 이르기까지 소년사법 제도의 모든 원리들은 1989년에 제정된 '아동·청소년과 가족에 관한 법'에서 확립된 원칙과 목표에 따라서 운영되고 있다. 일부 실천가의 경우, 이러한 원칙에서 벗어나기도 한다. 그러나 그들이 가족집단 컨퍼런스를 기획하거나 운영할 때, '아동·청소년과 가족에 관한 법'에서 제시한 목표와 원칙들을 규칙적으로 적용한다면, 그것은 회복적 실천을 따르는 것이라고 볼 수 있다. 우리가 보기에, 의사 결정 과정에 이와 같은 명확한 목표와 원칙들을 적용한다면 성공적인 실천, 궁극적인 회복적 사법 정의 실천을 이루게 될 것이다.

일곱 가지 목표

뉴질랜드가 추구하고 있는 소년사법 제도의 일곱 가지 주요 목표는 다음과 같다.

- 다이버전diversion: 뉴질랜드 소년사법 제도의 주요 목표는 청소

년들이 법정으로 가지 않도록 하고, 그들에게 가해자라는 낙인이 찍히는 것을 막는 것이다. 이러한 목표를 중시하는 이유는 다음과 같다.

첫째, 가해 청소년들이 형사사법제도를 접하는 것이 범죄를 줄이기보다는 오히려 범죄를 증가시킨다. 둘째, 대부분의 청소년 범죄는 병리학적 문제가 아니라 성장 발달상의 문제이다. 그래서 대부분의 소년 범죄자들은 성장하면서 범죄 행위에서 벗어나게 된다. 셋째, 지역사회에 기반을 둔 제재 방법은 구금 방식의 처벌보다 범법자의 행동과 요구에 더 초점을 맞출 수 있다.

- **책임 이행:** 가해자는 자신이 저지른 행위에 대해 책임을 져야 한다. 따라서 자신에게 주어진 책임을 받아들이고, 자신이 야기한 피해를 복구해야만 한다. 책임 이행의 개념은 일곱 가지 원칙들에서 더 자세하게 소개된다.

- **피해자의 참여:** 가족집단 컨퍼런스에서 합의 사항을 결정할 때 피해자의 요구와 의견이 반드시 제시되고 수용되어야 한다. 또한 피해자의 참여는 가해자가 진정한 책임을 지도록 하는 데 영향을 미친다.

- **가해자 가족의 참여와 가족 역량 강화:** 가해자의 가족은 가해

청소년이 좋은 결정을 내릴 수 있도록 격려하고, 가족집단 컨퍼런스에서 결정된 계획들을 실행하기 위한 자원들을 제공해야 한다. 심지어 해체된 가족이거나 역기능 가족이라 하더라도, 가족들이 가해 청소년을 지지하고 돕는다면, 실행 계획을 수행하는 데 큰 힘이 될 것이다.

• **합의된 의사 결정**: 가족집단 컨퍼런스의 결정 사항은 다수결 또는 '상부 지침'이 아닌, 모든 참석자들의 동의에 의해서 이루어져야 한다.

• **문화적 적합성**: 가족집단 컨퍼런스의 진행 과정과 지원은 참석자들의 문화적 배경과 요구에 적합해야 한다.

• **적법 절차**: 청소년들의 권리를 존중해야 한다. 전문적인 '청소년 옹호자youth advocates'가 가족집단 컨퍼런스의 진행 과정에서 가해 청소년들을 지원하고 그들의 권리가 잘 지켜지는지 관찰하도록 지정된다.

일곱 가지 원칙

이러한 목표를 달성하기 위하여, 1989년에 제정된 '아동, 청소년과 가족에 관한 법'은 소년사법의 경우에 적용할 가족집단 컨퍼런스의 일곱 가지 원칙을 규정하고 있다. 이 원칙은 가족집단 컨퍼런스뿐만 아니라 뉴질랜드의 모든 소년사법 절차에 적용되고 있다.

- 공공의 이익을 저해하지 않는 한도에서 형사 사법 절차는 제한되어야 한다. 가족집단 컨퍼런스를 포함한 소년사법 제도는 공익을 고려해야 한다. 코디네이터는 대안이 될 만한 정보를 가지고 가족집단 컨퍼런스에 참석해야 한다. 공익적 요소가 간과되지 않도록 경찰 대표가 참석한다.

- 형사 사법 절차가 범죄 청소년에게 원조를 제공하는 목적으로 수행되면 안 된다. 형사 사법 절차가 보호, 주거, 돌봄과 같은 가해 청소년의 복지 요구를 해결하는 데 이용되면 안 된다. 1989년 법 제정 이전에는, '복지적 접근'이 소년 범법자의 복지적 필요를 충족시키기 위하여 형사 사법 절차에서 자주 사용되어 왔다. 이로 인해 결과적으로 불필요한 법적 처분과 시설 입소 비율이 증가했다.

- 가족의 기능이 강화되어야 한다. 이 법은 소년사법 제도와 관련된 모든 조치가 다음과 같은 내용을 따르도록 세부 지침을 마련하고 있다.

(1) 가족의 기능을 강화한다.

(2) 가족들이 가족 내에서 범죄를 다루는 그들만의 방법을 개발하도록 능력을 키우 게 한다.

대부분의 비행 청소년의 부모들은 무력감을 느낀다. 부모들은 그들에게 주어진 선택사항과 자원들에 관해 혼란을 겪는다. 통상적 사법 절차를 마주하게 되면, 즉 사건이 부모를 떠나 사법 전문가에게로 넘어간 경우, 부모들의 무력감과 혼란은 가중된다. 따라서 사법 제도의 대응은 가족이 자신의 문제를 스스로 해결할 수 있도록 돕는 방향으로 고안되어야 한다.

가족집단 컨퍼런스가 열릴 때 중요한 것은, 가족집단 컨퍼런스의 실행 계획이 지속될 수 있도록 가해자의 가족이 적절한 지지망을 가져야 한다는 것이다. 먼저 해야 하는 일은 확대 가족의 지지를 얻는 것이다. 그러나 이것이 어렵거나 충분하지 않을 때는, 가족 주변의 지역사회 지지를 조성하는 것이 차선이다.

'아동, 청소년과 가족에 관한 법'의 취지와 후속 경험들이 입증하듯이, 가해자의 가족들이 피해자와 지역사회와 함께 '잘못된 것을 바로잡는 일을 하도록' 격려하고 지지할 때, 더 효과적인 결과가 나타난다. 손해 배상을 위한 계획을 스스로 수립했다면, 가해자의 가족들은 가족집단 컨퍼런스에서 결정된 보상 계획을 실행하는 과정에서 강한 책임감을 갖고 헌신하게 된다. 가족집단 컨퍼런스의 부가적인 이점은 청소년 가해자의 형제자매들이 책무성, 책임

성과 손해 배상의 실제 사례를 목격한다는 것이다. 이것은 범죄 예방의 한 방식이 된다.

• **청소년들은 지역사회에서 최대한 보호되어야 한다.** 많은 연구들은 어린 가해자들이 지역사회에서 고립감을 느낀다고 보고하고 있다. 뉴질랜드의 수도 웰링턴의 경우, 범죄를 저지른 청소년들은 대부분 변두리 지역에 살고 있는 사모아족과 마오리족 청소년이거나, 가족 해체나 부모의 직장 변경으로 인해 기존에 존재하던 지지 체계를 상실한 백인 청소년들이다.

자신이 살던 지역사회와 분리된 청소년들은 단지 소속감이 없다는 것을 넘어, 그들이 살고 있는 지역사회에 대한 존중감을 상실한다. 만약 청소년들이 지역사회로부터 존중받지 못하고 불공평하게 대접받는다고 느낀다면, 그리고 지역사회에 대한 소속감을 느끼지 못한다면, 그들은 지역사회를 대상으로 훨씬 더 쉽게 범죄를 저지른다. 가족이라는 울타리 밖에서 성장한 청소년들은 그들 스스로가 부모가 되는 양육 기술을 익힐 수 있는 경험을 거의 할 수 없다. 또한 거주 시설 또는 보호 시설에서 오랜 시간을 보낸 청소년들은 그들의 지역사회 내에서 사회적 관계망을 형성하거나 지지망을 발전시키는 기술을 제대로 익히지 못한 채, 폭력 조직 문화와 하위문화에 쉽게 익숙해진다. 실제로 시설 구금은 많은 청소년들에게 사회에 대한 분노를 느끼게 만들고 사회

에서 밀려났다는 반발심을 불러일으켜, 그들이 긍정적으로 변화
하는 데 필요한 기술들을 계발하는 것을 방해한다.

• **청소년의 나이를 고려해야 한다.** 청소년은 아직도 성장하는 과
정에 있다. 의사 결정자는 청소년의 행동과 요구들이 이러한 절
차에서 심대하게 영향을 받는다는 것을 기억해야 한다. 살인과
과실치사를 제외하고 17세 이하의 청소년들은 보통 법정에 가지
않고 가족집단 컨퍼런스로 회부되어, 그곳에서 범죄와 피해에
대한 전반적인 책임에 관한 결정이 이루어진다.

• **최소한의 제한적인 형태의 처벌을 선택하여 개인의 성장을 촉
진해야 한다.** 이 원칙은 앞서 언급한 내용들과 중복된다.
(1) 어떠한 형태의 처벌이라도 그들의 가족 안에서 청소년의 성
장을 촉진하기 위한 방편으로 실시되어야 한다.
(2) 그들이 처한 환경 속에, 최소한의 제한적인 형태의 처벌이
부과되어야 한다. 아동과 청소년은 정의감이 강해서, 과도하게
범법자를 제한하는 처벌은 청소년들이 갖고 있는 정의감에 부
정적인 영향을 미칠 수 있기 때문이다.

• **피해자의 관심사를 고려해야 한다.** 이 원칙은 피해자가 이 상황
에서 가장 중요한 대상이라는 것을 다시 한 번 되새기도록 한다.

피해자가 가족집단 컨퍼런스에 참여하게 하고, 자신의 욕구needs를 규정하도록 도우며, 그들의 욕구가 반영될 수 있는 기회가 제공되어야 한다.

'피해자 관심사 고려의 원칙'은 피해자뿐만 아니라 가해자를 위해서도 중요하다. 이것은 청소년들이 자신의 행동으로 발생한 영향에 초점을 맞추도록 하는 데 매우 효과적이다. 이 과정에서 청소년들은 자신이 어떤 행동을 했고, 어떻게 최선을 다해야만 자신의 행위가 초래한 영향들을 바로잡을 수 있는지에 대해 명확하게 이해하게 된다. 처벌과 달리, 이 방법을 통해 진정한 책임이 이행된다. 자연스럽고 합리적인 결과를 이끌기 때문이다.

가해자가 국가에 대한 자신의 책임을 이행하는 과정에서는, 그들이 행한 범죄, 피해자 및 그 가족들, 또는 범행이 일어난 지역사회와 거의 연결되지 못하게 된다. 범죄 행위에 대한 징벌적 처벌은 가해 청소년들로 하여금 자신이 지역사회로부터 보복을 당했다고 느끼게 만들고, 결국 그들을 지역사회로부터 더 멀리 분리시킨다. 이것은 가해자가 자신이 저지른 실제적 영향을 이해하고 인정하는 데 도움이 되지 못한다. 가족집단 컨퍼런스는 피해자의 요구에 우선순위를 두는데, 이것은 부분적 손해 배상으로서 경제적 합의를 포함한다.

가족집단 컨퍼런스는 피해자에게 자신의 목소리를 낼 기회를 주고, 더 나아가 피해자와 가해 청소년 모두를 치유할 수 있다. 가해 청소년이 피해자에게 한 약속을 모두 완수했을 때, 그는 자주 스스로에 대해 좋은 감정을 느끼게 된다. 이것은 더욱 긍정적인 생활 방식으로 방향을 바꾸는 데 기여한다. 상습 범죄에 관한 연구에 따르면, 자신의 행동을 바로잡았던 가해자들은 재범을 저지를 가능성이 적다고 한다. 따라서 가해 청소년이 회복적 방법으로 책임을 지게 될 때, 이것은 피해자·가해자·지역사회를 위해 만족스러운 결과를 낼 수 있는 좋은 기회가 된다.

1989년 이후 뉴질랜드에서 가족집단 컨퍼런스의 실천은 질적인 측면에서 다양한 방향으로 발전해 나갔다. 일부 지역에서는 이러한 접근이 매우 성공적이었다. 반면, 일부 지역에서 가족집단 컨퍼런스의 잠재력이 적절하게 발현되지 못한 것은 위의 원칙과 목표를 일관되게 사용하거나 따르는 데 실패했기 때문이라고 우리는 믿고 있다. 소년사법 제도가 성공적으로 수행되었던 지역은 앞에서 언급한 원칙과 목표가 정책으로 형성되었을 뿐만 아니라, 각 사례와 각 상황에 적절한 결정을 내리도록 길잡이 역할을 했다. 우리는 더욱 훌륭한 실천을 수행하는 과정에서 목표와 원칙이 중요하다는 것을 재차 강조한다. 실천 기준과 윤리적 지침이 아무리 유용하다 할지라도, 우리는 명확한 원칙과 목표가 더 중요하다는 것을 제안한다.

우리는 지역 공동체들이 적절한 목표와 원칙을 세울 수 있도록 회복적 과정 또는 갈등 해결 과정을 설계할 것을 강력하게 권장한다. 또한 이러한 목표와 원칙들을 실천 지침의 일환으로 사용할 때는 반드시 문화적으로 적절한 가치들을 적용해야 한다.

▶ 일곱 가지 목표	▶ 일곱 가지 원칙
• 다이버전	• 형사 사법 절차를 피하기
• 책임 이행	• 사법 절차를 지원 목적으로 사용하지 않기
• 피해자의 참여	• 가족의 기능 강화하기
• 가족 역량 강화	• 지역사회 내에서 가해자 보호하기
• 합의된 의사 결정	• 나이를 고려하기
• 문화적 적합성	• 최소한의 제한적인 형태의 처벌을 선택하기
• 적법 절차	• 피해자의 관심사를 고려하기

제3장 • 가족집단 컨퍼런스 조직하기

뉴질랜드 법에 따라 비행 청소년과 소년범을 대상으로 하는 다양한 종류의 가족집단 컨퍼런스가 만들어졌다. 가족집단 컨퍼런스는 10~14세의 소년범들의 경우에는 범죄 행위보다 범죄 아동의 복지와 이익에 관심을 둔다. 가족집단 컨퍼런스는 아동의 복지를 최우선으로 하고, 아동에게 책임감을 가르쳐야 할 의무가 있다. 반면에, 14~17세의 비행 청소년은 형사 책임을 질 수 있다. 형식에 관계없이 가족집단 컨퍼런스 과정의 기본적인 형태는 같다. 다음은 가족 역할 그리고 가족집단 컨퍼런스의 시작과 진행에 대한 설명이다.

코디네이터의 역할

가족집단 컨퍼런스의 전반적인 과정을 조직하고 감독하고 촉진하는 사람을 소년사법 코디네이터라고 부른다. 코디네이터는 경찰관을 만나 사건에 대한 보고를 받고, 형사 처리에 대한 여러 가지 대안을 탐색한다. 실제로, 경찰과의 협력은 소년사법 제도가 범죄를 효과적으로 줄인다는 관점에서 지역사회에 중요한 요소이다.

이런 이유로, 최근 뉴질랜드에서는 협력을 확대하기 위해 소년사법과 관련 있는 전문가들로 구성된 '청소년 범죄 대책반youth offending teams' 창설에 관심이 집중되고 있다.

일단 가족집단 컨퍼런스를 열기로 결정을 한 이후에 코디네이터는 다음과 같이 준비해야 한다.

(1) 이해 당사자들을 준비시킨다.

(2) 가족집단 컨퍼런스를 소집하고 촉진한다.

(3) '아동·청소년과 가족에 관한 법'의 원칙을 검토한다.

(4) 동의서와 계획서를 작성한다.

(5) 관련된 사람들과 기관에 결과를 공유한다.

더 구체적으로 말하면, 코디네이터에게 요구되는 사항은 다음과 같다.

(1) 가해자와 가해자의 가족과 다음의 내용을 의논한다.

• 가족집단 컨퍼런스의 과정과 날짜·시간·장소.

• 초청 대상. 뉴질랜드 법에 근거하여, 가해자의 가족들은 가족집단 컨퍼런스에 참여할 자격이 있다. 또한 추가로 어떤 지원이 필요한지 그들과 함께 의논하는 것이 중요하다.

(2) 피해자와 다음의 내용을 의논한다.

• 피해자가 참석을 원하는지 확인하라. 만일 참석하기를 원한다면 가족집단 컨퍼런스를 열기 위한 날짜·시간·장소를 의논하라.

• 가족집단 컨퍼런스 진행 과정에서 피해자가 갖는 권리를 보장하라. 이것은 피해자가 가족집단 컨퍼런스에 참여할 수 있는 다양한 방법을 보장해야 한다는 점을 포함한다. 피해자는 대리인을 보낼 수도 있고, 가족집단 컨퍼런스 중에 전화 통화를 하거나, 편지를 쓰거나, 자신을 대신해서 코디네이터에게 가족집단 컨퍼런스와 관련된 정보를 전달하게 할 수도 있다. 이 정보는 비디오테이프나 녹음테이프로 보관되거나, 구두로 간단하게 전달될 수도 있다. 피해자 또는 대리인은 지지자와 함께 참석할 권리가 있다. 피해자가 참석을 거절할 수도 있다. 하지만 피해자가 가족집단 컨퍼런스에 참여할 수 있도록 필요한 지원과 격려를 하는 것이 피해자에게 유리하다. 연구 결과에 따르면, 피해자가 가족집단 컨퍼런스에 참여했을 때 최상의 결과를 얻을 수 있다. 하지만 반드시 피해자 스스로 결정할 수 있도록 해야 한다.

(3) 가족집단 컨퍼런스에 참석하는 모든 사람들에게 날짜·시간·장소를 포함한 모든 관련 정보를 충분하게 공지해야 한다.

(4) 사건과 관련이 있지만 가족집단 컨퍼런스에 참석할 수 없는 사람들의 의견을 파악한다.

(5) 가족집단 컨퍼런스가 기능을 잘 수행할 수 있도록 사안과 관련된 정보와 조언이 충분하게 제공되는지 확인한다. 여기서 필요한 정보는 지역사회의 서비스와 지지망에 관한 정보 등을 포함한다. 이를 위해서 코디네이터는 사안과 관련된 전문가들을 비롯하

여 지역사회 자원들과 유기적인 지지망을 형성하고 있어야 한다.

(6) 사안과 관련된 모든 이해 당사자의 요구와 문화적 배경을 고려하여 가족집단 컨퍼런스를 소집하고 진행한다.

(7) 모든 결정, 권고 사항, 실행 계획이 반드시 가족집단 컨퍼런스를 통해 이루어지도록 한다. 그 과정에서 사건과 관련이 있는 사람들과 (경찰이나 법원 같은) 관련 기관의 참여를 보장해야 한다. 만일 가족집단 컨퍼런스에서 결정된 사항이 가족집단 컨퍼런스에 참여하지 않은 사람이나 기관에게 어떤 서비스를 요구하게 될 경우, 가족집단 컨퍼런스를 마친 후에 반드시 그들의 합의를 얻어야만 한다.

(8) 만일 첫 번째 가족집단 컨퍼런스에서 2차 모임을 계획하거나, 가족집단 컨퍼런스에 참여했던 사람들 중 두 명 이상이 가족집단 컨퍼런스를 다시 열기를 원하거나, 법원의 명령이 있거나, 코디네이터나 경찰이 필요하다고 판단할 경우(예를 들면, 가족집단 컨퍼런스의 결정 사항이 잘 이행되지 않는 경우)에는 가족집단 컨퍼런스를 다시 소집한다.

가족집단 컨퍼런스의 진행자로서, 코디네이터는 중재자와 비슷한 역할을 한다. 하지만 앞서 제시한 바와 같이 다양한 기능을 수행하는 코디네이터의 역할을 단순하게 '중재'라고 하는 것은 적절치 않다. 중재자와 마찬가지로 코디네이터는 가족집단 컨퍼런스의 모든 과정에서 공정해야 하고 균형을 잃지 말아야 하며, 특정 결론이나 해결 방법을 참여자에게 강요하지 말아야 한다.

하지만 이러한 역할 이외에도, 코디네이터는 경찰 또는 법원을 도와서 의사 결정을 이끌어야 할 책임이 있다. 이 과정에서 코디네이터는 가해자가 충분한 책임을 질 수 있도록, 가족집단 컨퍼런스에서 채택된 계획이 적절하게 잘 지켜질 수 있도록 관리하고 감독해야 한다. 요컨대, 코디네이터는 가족집단 컨퍼런스의 모든 과정과 결과가 원칙에 따라 지켜지도록 관장하는 권한을 가지고 있다.

가족집단 컨퍼런스의 참석자들

뉴질랜드의 소년사법 제도는 코디네이터를 비롯하여 다음과 같은 다양한 사람들이 가족집단 컨퍼런스에 참여하도록 하고 있다. 우선 가족집단 컨퍼런스에 의무적으로 참석해야 하는 사람은 가해자, 가해자의 가족, 담당 경찰이다.

- 가해자와 확대 가족을 포함한 **가해자의 가족**
- **피해자** 또는 피해자의 대리인 그리고 지지자
- **담당 경찰**청소년 지원 경찰관
- **청소년 법률 옹호자**

소년사법 사건을 신중하게 다루기 위해서 청소년 전문 옹호 변호사가 지정될 수 있다. 그들은 가족집단 컨퍼런스 과정에서 가해 청소년들의 법적 권리가 보장되도록 돕는 일을 하지만, 법률적 자문을 제공하지는 않는다.

- **일반 옹호자:** 변호사가 아닌 일반 옹호자들은 가족집단 컨퍼런스의 모든 과정이 해당 사건과 관련된 사람들에게 문화적으로 적절하게 진행되도록 하는 데 도움을 준다.

- **사회복지사:** 어린 가해자의 가족이 원하는 경우나 특정 기관이 아동 가해자의 법적 양육권, 후견, 감독 권한을 가지고 있는 경우, 아동에게 특별한 도움이 필요한 경우에는 사회복지사들이 참석할 수 있다.

- **정보 제공자:** 때로는 특별한 정보를 가진 사람들지역사회나 학교 또는 교회의 대표자들이 가족집단 컨퍼런스 과정 중 필요한 부분에 참석할 수 있다.

- **기타 보호자:** 열거한 사례에 해당하지는 않지만, 예를 들면 앞서 최근에 가해 아동을 보살핀 사람은 가족집단 컨퍼런스에 참여할 수 있다.

준비

당신이 뉴질랜드 방식의 가족집단 컨퍼런스를 담당하는 소년사법 코디네이터라고 가정을 해보자. 먼저 당신은 피해자와 가해자, 그리고 가해자의 부모에게 편지를 보내는 것으로 절차를 시작한다. 이 편지에 가족집단 컨퍼런스의 절차를 설명하는 안내문을 동봉하고, 편지를 받으면 사흘 이내에 코디네이터에게 연락을 해달라는 내용을 명시해야 한다. 반드시 문자문서를 이용해서 의사소통을 해야 하고, 상호 동의했음을 확인해야 한다. 만약 시간이 지나도록 – 뉴질랜드에서는 절차가 시작된 2, 3주 정도를 법정 기한으로 제한하고 있다 – 편지 수취인에게 연락을 받지 못했다면, 전화로 확인해야 한다. 전화 통화에서는, 그들에게 자신의 권리와 여러 가지 선택 조건 등에 대해 더 자세하게 설명할 수 있도록 만남을 요청하도록 한다. 대부분의 사람들은 자신의 집에서 만나는 것에 동의한다.

다음으로는 우리가 관찰을 통해 발견한 점과 실천가로서의 경험을 바탕으로 제안하고 싶은 내용을 소개하고자 한다.

• **직접 만나서 의사소통을 하는 것이 전화나 편지로 연락하는 것보다 라포르**rapport, 두 사람 사이의 공감적인 인간관계. 또는 그 친밀도. 특히 치료자와 환자 사이의 관계를 말한다.– 옮긴이**를 형성할 가능성이 더 크다.** 이러한 방법으로 의사소통을 할 때 온전한 상호작용 효

과를 기대할 수 있다. 진정한 의사소통은 상대방의 목소리의 억양과 몸짓에 대해 주의를 기울이는 것을 포함한다. 예를 들어, 특히 피해자 또는 피해자의 주변 사람들은 가족집단 컨퍼런스에 참석하겠다고 약속은 했지만, 그들의 표정이나 몸짓은 그러한 결정을 하게 된 것에 대해 내심 불편하게 느끼고 있음을 표현할 수도 있다. 당신은 그들이 명백하게 불편함을 느끼고 있다는 사실을 알아차리고 그들이 가족집단 컨퍼런스 참여에 대해 느끼고 있는 부담감을 소재 삼아 이야기를 시작할 수 있고, 그 원인을 살펴보고 해결 방안을 모색할 수 있게 된다. 우리의 경험에 따르면, 이러한 부담감을 초반에 어떤 식으로든 해결하지 않는다면, 많은 사람들이 가족집단 컨퍼런스가 열리기 직전에 참석을 거부하곤 한다.

• 직접 만나는 것 다음으로 좋은 의사소통 방법은 전화 통화이다. 피해자나 피해자 주변 사람들을 직접 만나기 위한 최초의 시도는 중요하면서도 어렵다. 피해자들에게 가족집단 컨퍼런스에 참여해 달라고 직접 부탁할 때, 피해자들의 참여 비율이 현격하게 높아진다는 것을 우리는 이전의 경험을 통해 알 수 있었다. 따라서 전화 통화를 할 때 피해자가 가족집단 컨퍼런스에 참여하고 싶지 않다고 말하더라도, 포기하지 말고 피해자가 가족집단 컨퍼런스에서 가지는 권리에 대해 직접 만나서 설명해 주겠다고

제의를 해야 한다. 그러면 대부분의 피해자들이 당신을 만나는 것에 동의하고 최종적으로 가족집단 컨퍼런스에 참석하겠다고 결심하게 될 것이다.

• 글을 쓰는 것은 성과가 가장 불확실한 의사소통의 형태 중 하나이다. 편지나 전자우편은 종종 오해를 불러일으키기 때문이다. 따라서 편지나 전자우편이 유일한 의사소통 형태라고 기대해서는 안 된다.

• 가족집단 컨퍼런스 절차를 촉진하는 사람은 누구든지 효과적인 의사소통 기술을 익혀야 한다. 진행자는 절차를 설명하고, 합의를 조정하거나 모색하고, 회의를 이끌고, 마지막으로 결정 사항을 정확하게 기록해야 한다.

진행자는 가족집단 컨퍼런스, 집행 기관과의 회의, 그리고 법원 등 여러 가지 상황 안에서 효과적인 의사소통 기술을 발휘해야 한다.

아마도 피해자들은 다음의 행동 중에서 선택을 할 것이다.
• 가족집단 컨퍼런스 과정의 전체 또는 일부에 참여한다.
• 참여를 거부한다.
• 대리인을 보낸다.
• 의견과 정보만 보낸다.

피해자와 함께하기

피해자들과 만나는 이유는 먼저 피해자들의 권리와 가족집단 컨퍼런스 과정에 대한 정보를 제공해 주기 위해서이다. 피해자들이 가족집단 컨퍼런스에 참여하는 것이 대부분의 경우 더 바람직하고 그들에게 도움이 되지만, 그렇다고 해서 참석을 강요하는 것은 적절하지 못하다. 뉴질랜드에서 피해자는 세 가지 방식으로 가족집단 컨퍼런스에 참여할 권리가 있다. 첫째, 피해자는 가족집단 컨퍼런스에 직접 출석하거나 자신을 도와줄 사람을 데려올 수 있다. 예를 들면 가족, 친한 친구, 보호자, 그리고 피해자 지원 센터의 직원과 동행할 수 있다. 둘째, 그들은 대리인을 보낼 수도 있고, 그 대리인 역시 자신을 도와줄 사람을 데려올 수 있다. 셋째, 피해자는 정보를 보내기만 하는 방법을 선택할 수 있다.

피해자들은 자신과 직접적으로 관련된 결정 사항에 대해서는 무엇이든 거부할 수 있지만, 가족집단 컨퍼런스의 결과에 대해 동의하지 않거나 거부할 권리는 없다. 여기에는 개인적인 사과 또는 가해자가 피해자를 위해 수행하는 모든 것들을 포함한다. 가족집단 컨퍼런스가 열리는 날짜·시간·장소를 결정할 때에는 가장 먼저 피해자와 상담을 해야 한다.

첫 번째 만남을 통해 정보를 공유하는 것은, 피해자들로 하여금 일부러 시간을 할애해서 가족집단 컨퍼런스에 참여하는 것이 과연 가치 있는 일인지를 결정하는 데에 도움을 줄 수 있다. 종종 피해자들은 2차 피해를 겪게 될까 봐 두려워하므로, 가족집단 컨퍼런스의 모든 절차는 2차 피해를 막고 피해자를 보호할 준비가 되어 있다는 사실을 알려 주는 것이 좋다. 가족집단 컨퍼런스를 성공적으로 실행하기 위해 공유해야 할 다른 요소들은 이 책의 부록에 제시되어 있다. 참석에 동의하지만, 그러기 위해서 교통비라든가 육아 도우미, 또는 손실된 수입의 보상과 같은 도움이 필요한 피해자도 많다. 뉴질랜드에서는 보통 이에 대해 재정적인 지원을 제공하고 있다. 일과 시간을 고려해서 가족집단 컨퍼런스는 종종 저녁에 열리기도 한다.

다시 한 번 강조하자면, 코디네이터는 피해자가 어떤 방식으로 가족집단 컨퍼런스 과정에 참여하기를 원하는지, 피해자의 요구에 어떤 지원을 해야 하는지에 관한 문제에 융통성 있게 대처해야 한다. 뿐만 아니라 피해자의 가족집단 컨퍼런스 참여 의사를 확실히 확인하는 것 또한 중요하다. 피해자가 충분하게 상황을 숙지한 후에 자신에게 적절한 결정을 할 수 있게끔 되도록 많은 정보를 제시해야 한다. 피해자가 참여하든지 참여하지 않든지 간에, 가족집단 컨퍼런스의 전체 계획에서 피해자의 관심사가 고려되어야 한다는 점이 중요하다.

피해자가 직접 오지 않고 가족집단 컨퍼런스에 참여할 수 있는 방법에는 여러 가지가 있다. 코디네이터는 피해자 지원을 위한 정보를 공유할 수도 있고, 피해자는 가족집단 컨퍼런스가 진행되는 동안 영상이나 음성 메시지를 보내는 방법을 선택할 수 있다. 피해자는 가족집단 컨퍼런스의 전체 과정 또는 일부 과정에 전화로 참여할 수도 있고, 폐쇄 회로 텔레비전^{CCTV}을 통해서 가족집단 컨퍼런스를 관찰하거나, 다른 방에서 사회복지사나 다른 사람을 통해 지원을 받을 수도 있다. 이러한 모든 방법들은 피해자의 희망 사항이 컨퍼런스 진행 계획에서 중요하게 감안된다는 것을 확신시켜 줄 수 있다.

피해자 또는 그의 대리인은 전체 가족집단 컨퍼런스에 참여할지, 아니면 부분적으로만 참여할지에 대해 스스로 선택할 권리가 있다. 가족집단 컨퍼런스의 일부분에만 참여한다는 것은 보통 피해자가 가족집단 컨퍼런스의 과정 중 정보를 공유하는 부분에 참석한다는 것을 의미한다.^{이 과정은 일반적으로 가해자와 가족들이 따로 협의를 하는 순서보다 먼저 주어진다} 대부분의 사례에서, 만약 피해자가 가족집단 컨퍼런스의 전체에 참석하지 않는다면, 가해자의 가족들은 최종 실행 계획서에 피해자의 요구 사항을 포함시키고, 조정자가 이를 감독하는 것에 동의한다는 확인서를 피해자에게 주어야 한다. 가해 청소년이 자신의 행위를 만회하기 위해 '상황을 바로잡아야 할' 책임을 이행했거나 이행하고 있다면, 피해자는 예정된 추후 가족집단 컨퍼런스에 참여할지 말지에 대해서도 선택할 수 있다. 교통사고나 약물 사용과 같은 사례에서는 특별하게 지정할 만한 피해자가 없다. 이때에는 지역사회가 피해자로 간주되며, 경찰이 지역사회를 대표하게 된다. 하지만 이와 같은 경우에 음주 운전 또한 마약 관련 범죄로 고통을 받았던 사람이 정보 제공자로서 피해자를 대리해서 참석하는 것이 가능하다. 하지만 그들은 권한을 갖지 못하며, 가족집단 컨퍼런스의 모든 과정에 참여하지는 못하고 계획에 찬성이나 반대 의사를 표명할 수도 없다. 어린 청소년이 그들에게 발생한 일을 바로잡기를 기대하는 데에는 위험 요소가 뒤따른다.

코디네이터로서 당신은 피해자에게 가족집단 컨퍼런스의 진행 과정에 대해 설명해 주어야 하며, 당신이 가해자와 가해자의 가족을 만나 상담을 하고 있다는 사실도 알려야 한다. 뉴질랜드 법은 가해자와 그 가족들이 가족집단 컨퍼런스 절차를 만드는 데 책임을 다하도록 촉구하고 있기 때문에, 당신은 진행 과정에서 가해자가 요청할 수 있는 별도의 절차에 관하여 피해자와 함께 재확인할 필요가 있다. 만약 문화적 차이예를 들면 다음에 소개될 기도나 종교적 의식과 같은가 존재한다면, 당신은 이러한 사안에 대해 당사자들의 합의를 이끌어 내야만 한다. 또한, 피해자는 자신이 얼마나 화가 났는지, 범죄가 자신에게 어떤 피해를 입혔는지에 대해 가해자에게 말할 권한이 있으며, 당신은 피해자에게 그 사실을 공지해 주어야 한다. 가해 청소년이 어떻게 책임을 질 것인가에 관한 문제에서, 결정된 실행 계획이 불공정하고 부당하다고 생각하면 피해자는 그 계획에 동의해서는 안 된다는 것을 확실히 주지시켜야 한다. 또한 가족집단 컨퍼런스가 가해자의 유죄 여부를 논하는 자리가 아니라는 사실도 설명해야 한다. 가족집단 컨퍼런스는 법원에서 혐의가 이미 인정되었거나 입증된 청소년들에게만 영향을 줄 수 있는 결정을 내리기 때문이다.

피해자, 가해자 및 그들의 가족들과 함께 가족집단 컨퍼런스를 할 때에는 기도나 축복을 비는 의식으로 시작하기를 원하는지, 또는 다른 문화적인 의례 행사를 원하는지를 그들에게 물어보는 것이 중요하다. 마오리족 또는 남태평양을 비롯한 여러 지역의 부족에게 기도는 문화적으로 매우 중요하다. 그들이 모국어로 기도하고 자신들의 전통 의식을 치르고 싶어 한다면 원하는 대로 할 수 있도록 배려하라. 가해자뿐만 아니라 피해자 '양측의 입장'에서 그들이 각각 무엇을 기대하고 있는지를 서로에게 알려 주어 서로 소통할 수 있도록 하는 것이 코디네이터의 책무이다. 코디네이터는 피해자와 가해자의 가족들이 모두 자신들에게 적절한 절차를 결정할 수 있도록 그들 사이를 수시로 오가며 의견을 조율하고 의사소통을 해야 한다. 또한, 그들에게 통역사를 제공해야 할 수도 있다.

가해자와 그들의 가족들과 함께하기

갈등 해결 작업의 첫 번째 단계는 날짜·시간·장소·참여자 등을 고려하여 가족집단 컨퍼런스가 순조롭게 열리도록 도모하는 것에서 시작한다. 이때 피해자의 관심사가 충분하게 고려되어야 한다.

코디네이터는 가족집단 컨퍼런스 과정에서 가해 청소년의 가족들과 관련된 사안들에 대해서도 그들과 함께 논의해야 한다.

시작에 앞서 가해자와 그들의 가족이 그들에게 내려진 사법 처분에 대해 제대로 이해하고 있는지를 확인하는 것이 중요하다. 만일 그들이 사법 처분 결과에 대해 잘못 이해하고 있거나 다르게 생각하고 있다면, 경찰이나 청소년 법률 옹호자에게 자문을 구해서 그들이 명확하게 이해할 수 있게끔 도와야 한다.

많은 가족들이 아마도 가족집단 컨퍼런스에 처음 참여할 것이므로 가족이 따로 협의할 시간을 가질 수 있는 법적 권리에 대해 자세하게 설명해 주도록 한다.

우선 피해자의 가족들에게 그들의 결정 사항이 중요하다는 것을 알려 주도록 한다. 가족집단 컨퍼런스에서는 가해 청소년이 가족들의 도움을 받아서 자신의 책임을 수행할 수 있도록 하는 것에 확실한 우선순위를 두기 때문이다. 따라서 가족집단 컨퍼런스는 가해자 가족이 최상의 결정을 내릴 수 있도록 진행되어야 한다.

일단 가해자 가족이 가족집단 컨퍼런스의 진행 과정을 충분히 이해했는지 확인했다면, 그다음에는 그들이 도움을 구하기 위해 어떤 사람들을 가족집단 컨퍼런스에 초대하고 싶은지 의견을 구하도록 한다. 여기서 '가족'에 대한 정의를 명확하게 하는 것이 중요한데, 가족집단 컨퍼런스에서 가족의 개념은 폭넓게 해석된다. 즉, 가족집단 컨퍼런스 과정을 통해 가해자를 도와서 의미 있는 결론을 도출하는 일에 동참하고자 하는 사람이라면 누구나 가해자 가족의 일원으로 참여할 수 있다.

대부분의 아동과 청소년은 저마다 존경하는 사람이 있고, 그 사람은 가족집단 컨퍼런스에 참여할 수 있다. 가해 청소년은 자신이 존경하는 사람을 통해서 큰 용기를 얻고 긍정적인 태도를 가짐으로써 잘못된 일을 바로잡는 데 도움을 얻을 수 있다. 가해 청소년에게 존경을 받는 사람은 그 청소년과 가족 사이에서 옹호자 역할을 할 수도 있다. 이러한 점은 특히 가족 구성원이 피해자일 때 더 유효한데, 예를 들면 가해 청소년이 부모를 폭행한 경우이다. 따라서 가족 밖의 사람들 중에서 가해 청소년과 좋은 관계를 갖고 있는 사람, 이를테면 운동부 코치, 동아리 모임 회장, 성직자 또는 교사 등을 옹호자로 초대하는 것이 어떻겠느냐고 가족들에게 조언하도록 한다.

만일 외부 사람들과 별다른 친교가 없는 가족이라면, 가족 밖에서 도움을 줄 수 있는 자원을 개발하도록 돕는 것이 중요하다. 이러한 역할을 수행하기 위해서 코디네이터는 지역사회의 자원들과 밀접하게 연결되어 있어야 한다. 코디네이터는 다양한 문화적 배경과 자원을 가진 기관들과 효과적인 협력 관계를 구축해야 한다. 이러한 기관들은 모임 장소를 비롯하여 가족들을 위한 다양한 도움을 제공할 수 있다. 실제 이러한 기관들이 가족집단 컨퍼런스에서 결정된 최종 실행 계획이나 실행 결과를 공식적으로 점검하는 기관으로 활동하는 경우도 드물지 않다.

여러 가지 이유로 인해서, 가해자의 가족이 가족집단 컨퍼런스에서 요구하는 의무 사항을 실천하기 위해 필요한 자원이나 도움을 제공해 줄 확대 가족이 없을 수도 있다. 한 예를 들자면, 뉴질랜드에서 어느 난민이 범죄를 저질렀는데, 사건의 피해자는 가해자를 돕고 있던 직원이었다. 이때 다른 친족이 없었던 그 난민 가족을 돕기 위해서 두 명의 이주민과 난민 보호 기관이 배치되었다.

가족집단 컨퍼런스가 열리기 전에 가해자 가족의 집을 방문할 때, 그 가족을 도울 수 있는 기관을 미리 섭외하여 연락할 수 있도록 주선하라. 이것은 가해자 가족이 그 기관의 관계자를 가족집단 컨퍼런스 과정에서 자신들을 도와줄 사람으로 받아들일 것인지 아닌지를 결정하는 데 도움이 된다.

중대한 범죄의 경우에는, 가족집단 컨퍼런스의 성공 여부에 대한 부담을 줄이기 위해 더욱 높은 수준의 슈퍼비전이 필요하다. 가족집단 컨퍼런스가 때로 성과 없이 실패로 끝나는 것은 가해 청소년이 잘못해서라기보다는 성인 참여자들이 인내력이 부족해 슈퍼비전을 제대로 실행하지 못한 탓이라고 볼 수 있다. 따라서 외부 기관과 지역사회 자원을 활용하는 일은 가해자 가족을 가족집단 컨퍼런스에 효과적으로 참여시키기 위해서 매우 중요하다. 일단 가족집단 컨퍼런스 계획이 수립되면 모든 참가자들에게 초청장을 보내야 한다.

가족집단 컨퍼런스

한 번 더 강조하자면, 가족집단 컨퍼런스는 참석자의 문화적·종교적 배경에 맞게 다양한 형식으로 진행될 수 있다. 이 장에서 소개하는 개요는 오직 참조 지침으로만 활용되어야 한다.

▶가족집단 컨퍼런스의 실행 단계

- 1단계: 시작
  - 기도(필요한 경우)
  - 소개
  - 가족집단 컨퍼런스의 개요

- 2단계: 정보 공유
  - 사건 요약
  - 범죄 피해의 영향에 대한 검토
  - 가해자의 답변
  - 실행 계획을 수립하는 것에 대한 정보 안내
  - 다과 나누기(선택 사항)

- 3단계: 가족 협의

- 4단계: 합의 도출
  - 제안
  - 조정
  - 최종 실행 계획 수립

- 5단계: 마무리
  - 기도(필요한 경우)

모임 장소 준비하기

가족집단 컨퍼런스가 진행되는 장소에 필요한 자원들이 제대로 준비되어 있는지 확인해야 한다. 공간과 좌석 배치가 가장 중요한데, 예정 참석 인원보다 여유 있게 좌석과 공간을 마련하면 참석자들이 좀 더 유연하게 가족집단 컨퍼런스에 참여할 수 있다. 피해자와 그 지지자들이 가해자 가족과 어느 정도 거리를 두고 떨어져 앉기를 원하는 경우도 있다. 한편, 가해자의 가족들이 함께 앉기를 원하지 않는 경우도 있다. 가족의 상황에 따라서 가족이 따로 떨어져 앉기도 한다. 예를 들면, 가해 청소년의 부모가 서로 떨어져서 앉는 경우

가족집단 컨퍼런스가 진행되면서 참석자들이 점점 익숙해짐에 따라 좌석 배치가 달라지기도 한다. 예를 들면, 가해자가 처음에는 자신의 가족과 함께 가족집단 컨퍼런스를 진행하는 것에 대해 불편함을 느껴 따로 떨어져 앉다가, 가족집단 컨퍼런스가 끝날 무렵에는 별 거부감 없이 가족 옆에 나란히 앉기도 한다.

가족집단 컨퍼런스 진행 중간에 관계없는 사람이 불쑥 들어오거나 전화벨이 울리지 않도록 미리 조치를 취하도록 한다. 가족집단 컨퍼런스가 개인의 집에서 열린다면 의도치 않게 전화벨이 울리는 상황이 발생할 수 있으므로 집주인에게 미리 양해를 구하고 전화선을 뽑아 놓는 식이다.

가족 협의family deliberations가 필요한 경우를 대비하여 작은 방을 사용할 수 있도록 준비하고, 방마다 필기도구들을 구비해 놓는다.

또한 다과를 준비할 때에는 참석자들의 문화와 취향을 고려하도록 한다. 어떤 참석자들은 음식을 준비해 오기를 원하기도 하는데, 음식을 나누어 먹는 것이 그들의 문화에서는 중요한 전통이기 때문이다.

좌석 배치를 할 때에는 원이나 말발굽 모양으로 만드는 것이 참석자들의 원활한 의사소통을 위해서 가장 적합하다. 되도록이면 참석자들이 원형의 좌석 배치에서 벗어나지 않도록 주의한다. 또한 참석자들이 드나들기에 불편하지 않도록, 특히 갈등을 겪고 있는 다른 참석자의 앞을 지나치지 않고 나갈 수 있도록 좌석 간격을 조정해야 한다.

1단계: 시작

참석자들이 도착하는 대로 가족집단 컨퍼런스를 위해 미리 정해 놓은 기준에 따라 편한 자리에 앉도록 인도한다.

가족집단 컨퍼런스를 시작하기 전에 기도를 하고 싶어 하는 가족과 지지자들에게는 기도할 수 있도록 허용하라. 뉴질랜드에서는 종종 가족의 모국어로 기도나 축사를 하는데, 이것은 그들의 문화적·종교적 관점에서 적절하다. 이 과정은 매우 중요하다. 이를 통해 코디네이터가 그 가족의 문화를 존중한다는 사실을 보여 줄 수 있기 때문이다. 가족 중 한 사람이 다른 사람들을 위해 기도 내용을 통역해 주는 것도 좋다. 드물기는 하지만 코디네이터에게 가족집단 컨퍼런스를 위해 기도나 축사를 해달라고 요청하는 사람도 있다.

다음은 소개의 시간이다. 만일 기도나 축사가 없다면 가족집단 컨퍼런스의 첫 번째 단계가 된다. 우선 코디네이터가 자신의 이름과 직함을 소개하는 것으로 시작한다. 자기소개를 마친 후에는 가족집단 컨퍼런스가 잘 진행되도록 조정하는 것이 코디네이터의 임무라는 점을 밝히고, 가족집단 컨퍼런스의 절차에 대해 설명하도록 한다. 그다음에 코디네이터의 오른쪽에 앉은 참석자부터 돌아가며 자기소개를 한다. 전부는 아니지만 많은 문화권에서 원형이나 말발굽 모형의 좌석 배치에서 시계 방향으로 순서가 진행되는 것을 선호한다

자신을 소개할 때 참여하게 된 이유도 함께 소개해 달라고 부탁하라. 참석자들이 스스로 자기소개를 하는 것이 진행자가 그들을 소개하는 것보다 참석자들의 컨퍼런스 참여를 원활하게 만든다.

각자 소개를 마치고 나면, 일반적인 가족집단 컨퍼런스의 법적 정당성과 과정에 대해 설명한다. 개별적인 휴식 시간을 원하는 사람은 코디네이터에게 말하면 개별 시간을 얻을 수 있음을 알려 주어, 가족집단 컨퍼런스가 융통성 있게 진행될 수 있도록 한다. 또한 소년사법 절차에 따른 원칙과 지침을 준수하는 것이 코디네이터의 의무이며, 이 원칙과 지침은 가족집단 컨퍼런스의 전체 과정에서 결코 적당히 타협될 수 없다는 것을 확실하게 알려야 한다. 이러한 원칙을 알린 후에는 질문이 있는지 확인한다.

이 단계에서 참석자들에게 그들이 수행해야 할 일들을 정확하게 공지하는 것이 중요하다. 주요 참석자들에게는 가족집단 컨퍼런스가 열리기 이전에 미리 알려야 한다. 가족집단 컨퍼런스를 시작하면서 이에 대한 개요를 설명하는 것은 5분 정도 이내에 마치는 것이 좋다.

2단계: 정보 공유

이제는 초점을 범죄 행위로 옮겨 보자. 대부분의 경우, 경찰이 작성한 사건 요약 기록을 읽으면서 시작한다. 사건 요약 기록은 기소 또는 기소 의향을 바탕으로 하여 작성된다. 만약 혐의가 부인된다면, 가족집단 컨퍼런스는 더 이상 진행될 수 없다. 이러한 사항은 우선적으로 밝혀져야 하며, 그렇지 않다면 무죄 주장을 진행하기 위해 법정으로 되돌아가야 한다. 가족집단 컨퍼런스는 법정에서 인정되었거나 승인된 혐의에 대해서만 결정 사항이나 권고 사항을 이끌어 낼 수 있다. 그러나 만약 해당 청소년이 혐의를 부인한다면, 당신은 가족집단 컨퍼런스를 시작하기 전에 그 사실을 인지하고 있어야 한다.

다음에는 가해 청소년에게 혐의를 이해하고 있는지, 그것이 무엇을 의미하는지에 대해서 물어보라. 그리고 그가 범행을 인정하는지, 아니면 부인하는지 물어보라. 기소된 가해 청소년에게 가족집단 컨퍼런스 시작 전 또는 진행 과정을 설명하는 중에, 그들이 저지르지 않은 범죄 혐의는 절대 인정해서는 안 된다는 것을 주지시켜야 한다. 가해 청소년이 혐의를 인정한 다음에는, 그가 저지른 범죄가 피해자에게 어떤 영향을 미쳤는지 피해자에게 직접 설명하도록 요청하라. 가족집단 컨퍼런스가 열리기 이전에 피해자와 예비 대화를 할 때부터, 코디네이터는 이들의 이야기를 이끌어 낼 만한 단서나 질문, 아이디어를 가지고 있어야 한다. 피해자가 어떠한 감정을 느끼든 간에, 자신의 분노와 상처를 아는 것이 중요하다고 조언해야 한다.

종종 가족집단 컨퍼런스는 다수의 사건을 다루는데, 이러한 경우 피해자가 한 명 이상인 경우가 있다. 또는 몇몇의 피해자는 다른 가족집단 컨퍼런스에 참석하는 경우도 있다. 이러한 경우, 코디네이터는 참석하지 않은 피해자들이 원하는 정보를 이 가족집단 컨퍼런스에서 소개하는 것이 나은지 또는 참석한 피해자들의 정보만 가지고 진행하는 것이 나은지를 결정할 필요가 있다. 피해자들의 몸짓과 표정을 읽을 수 있도록 노력하라. 만약 피해자들이 편안해 보이거나 그들이 무언가 말을 하고 싶어 한다는 인상을 받으면, 그들이 항상 먼저 말할 수 있도록 해야 한다. 만약 피해자들이 자신의 감정을 표현하기를 주저하거나 불편해하는 것 같다면, 불참한 피해자의 정보를 먼저 제공하라. 그러면서 가족집단 컨퍼런스가 진행되는 동안 그들이 분노와 상처들을 표출할 수 있게끔 돕는다면, 그들은 좀 더 편안하게 자신의 감정을 참석자들과 공유하게 될 것이다.

피해자가 자신의 이야기를 전달한 후에는, 당신은 그 영향에 관해 요약해서 말해 주도록 한다. 그런 후 가해자에게 왜 범행을 저질렀는지를 질문하라. 필요하다면, 가해자가 자신의 이야기를 할 수 있도록 도움을 줄 수 있다. 가해자가 이야기를 마치면 그가 말한 내용을 정리해 줄 수 있다. 당신은 가해자에게 피해자의 이야기를 듣고 무슨 생각이 들었는지 물어볼 수도 있고, 피해자에게 하고 싶은 말이 있는지 물어볼 수도 있다. 한편 당신은 가족 협의에서 어떤 말이 오갔는지를 알고 싶어 할 수 있다.

이 순간이 바로 피해자가 상대 가해자에게 질문을 시작하게 되는 시점이 될 수 있다. 만약 피해자와 가해자 간의 대화가 자연스럽게 이루어진다면, 이때부터는 코디네이터가 자신의 주도 역할을 줄이는 것이 중요하다.

가족집단 컨퍼런스가 바라는 것은 양측 간에 의사소통이 이루어지는 것이다. 이러한 대화가 자연스럽게 마무리된다면, 당신은 가해자 가족들이 범죄로 인해 어떠한 영향을 받게 되었는지를 요약해서 말해 달라고 요청해야 할 수도 있다. 또한 가해자 가족들이 참여자들에게 가해자의 행동에 대해서 어떤 이야기를 듣고 싶어 하는지, 가해자와 그 가족에게 무엇을 바라는지, 그리고 무엇이 궁금한지 질문하도록 요청하라. 이것이 피해자와 가해자 그리고 그들의 가족과의 대화를 발전시키는 데 결정적인 사항이다.

가족집단 컨퍼런스에 참석하고자 하는 청소년 법률 옹호자들이 알아야 할 것은, 그들의 업무가 서로 대립 관계에 있는 것이 아니라는 점이다. 그들이 할 일은 정보와 조언을 제공하고 도움을 주는 것이지 대화 과정을 방해하는 것이 아니다. 가해자의 가족이 따로 협의할 시간을 갖기 전에 당신은 전문가를 통해서 가해자 가족에게 줄 수 있는 최대한의 정보를 제공해야 한다.

3단계: 가족 협의

모든 관련된 정보가 공유된 후에는 가족 협의를 준비하도록 한다. 가해자의 가족은 따로 사적으로 의견을 주고받을 시간을 가질 수 있으며, 코디네이터는 그들이 원하지 않는다고 하더라도 그들에게 가족 협의의 기회를 제공해야 한다. 또한, 사적인 가족 협의 전에 가족 협의가 미치는 영향력과 있을지 모르는 위험성과 가해자의 가족이 직면해야 할 문제들에 대해 예방 차원에서 미리 요약해서 알려 주어야 한다. 가족들에게 계획을 세우거나 발표하는 데 사용할 수 있도록 용지와 필기도구를 제공하는 것이 중요하다.

이때가 바로 대부분의 가족집단 컨퍼런스에서 간식을 먹으면서 잠시 휴식을 갖는 시간이 된다. 가족 협의는 종종 간식 시간이나 그 직후에 좀 더 자연스럽게 이루어진다. 코디네이터는 이 시점에서 무슨 일이 일어나고 있는지를 잘 관찰해야 한다. 만약 참석자들이 서로 잘 어울린다면, 치유는 이미 시작된 것이다. 피해자와 그의 지지자들이 각자의 간식을 챙겨서 다른 방으로 옮겨 간다면, 그들이 아직은 서로 불편한 관계에 놓여 있는 것이다. 피해자들이 불편해하는 것은 대부분 일반적으로 가해자들이 충분히 반성하고 있지 않다고 느끼기 때문이다.

이때 가족집단 컨퍼런스에 대해 어떻게 느끼는지를 피해자에게 물어봄으로써 대화에 참여하도록 유도하는 것이 현명하다. 가해자가 별로 반성하는 태도를 보이지 않는다고 피해자가 생각한다면, 종종 가해 소년이 가족과의 별도 협의가 있기 전에는 그들의 반성을 표현하지 못한다는 것을 피해자에게 알려 주는 것이 필요하다. 종종 가해 청소년들은 자신들을 보호하기 위해 방어 기제를 사용하는 단계에 들어서게 되지만, 자신의 행동이 피해자 가족들에게 미친 영향에 대해 듣고 또 피해자 가족들의 분노를 보게 되면 서서히 방어 기제를 내려놓게 된다.

가해자의 가족들에게 알려 주어야 할 것은, 그들이 원하면 가족집단 컨퍼런스 참여자들을 따로 가족 협의에 초청하여 의견 교환을 할 수 있다는 것이다. 이런 일은 자주 일어난다. 때때로 가해자의 가족들은 그들이 필요 이상의 시간을 투자하기 전에 피해자들이 수용해 줄 수 있는 계획이 수립되었는지를 확인하고 싶어 한다.

가족 협의는 다음과 같은 기회를 제공해야 한다.

• 가해자와 그의 가족들이 가족들의 문제에 관해 토의하고 실행

계획을 수립하게 하기.

- 피해자와 그의 지지자들이 코디네이터와 경찰, 다른 참석자들과 함께 그들이 원하는 필요와 요구 사항들에 관해 이야기하도록 하기.

가족 협의는 가족집단 컨퍼런스 과정에서 매우 중요한 부분이다. 가해자와 그의 가족들에게는 자신들만 따로 모여서 그들에게 주어진 선택 조건과 자원들에 관해 충분히 이야기할 수 있는 기회가 제공되어야 한다. 그들은 좀 더 규모가 큰 모임에서 다른 가족 구성원이 참석하는 것에 대해 위축될 수도 있다. 가족끼리만 따로 모인 자리에서, 다른 식구나 친척에게 도움을 청한다든지 문제 해결을 위해 누가 얼마나 시간을 낼 수 있는지 등 사적인 문제나 금전적인 문제에 대해 좀 더 편하게 논의할 수 있을 것이다.

자신들이 저지른 범죄 행위에 대한 실행 계획을 수립하는 데 집중하기 전에, 가족 내에서 우선적으로 다루어야 하는 문제들이 자주 발생한다. 예를 들면, 만약 부모가 이혼한 경우에는 양육에 관한 부모의 새로운 역할에 대해 논의하거나 청소년이 누구와 함께 거주할 것이지를 결정하는 것이 더 중요한 사안이 될 수도 있다. 가해자 가족들이 따로 모여 협의를 하는 중에 궁금한 사항이 있다면 그들은 코디네이터나 다른 참석자들에게 잠시 가족 협의에 참여해서 답변해 달라고 요청할 수 있다.

이 시간을 이용해서 피해자들은 경찰에게 자신들이 바라는 계획과 그 이유에 대해 이야기하고 자문을 얻을 수 있다. 이러한 상황은 매우 긍정적인데, 경찰은 피해자의 요구 사항을 충족시킬 수 있는 계획에 동의하는 것을 더 편안하게 생각하기 때문이다. 이러는 동안, 피해자는 자신을 도와주는 사람과 다른 대화 참여자들과 이야기할 수 있을 것이다.

가해자의 가족들이 협의를 마치고 돌아온 후에는 종종 앉는 자리가 바뀌기도 한다. 예를 들어, 청소년이 혼자 앉지 않고 가족들과 함께 앉게 되는 식이다.

4단계: 합의 도출

가해 청소년 가족들은 매우 다양한 제안을 가져온다. 그들은 종합적인 계획을 제시할 수도 있고, 시작 단계의 아이디어 목록만 제시할 수도 있으며, 단순히 개인적인 사안에만 대응하고 전체 모임에서 최종 실행 계획을 결정하려 할 수도 있다. 하지만 이 시점에서 제시된 제안들에 대해 즉각적인 판단을 하지 않는 것이 중요하다. 대부분의 경우, 가해 청소년 가족은 계획의 기본 틀만 제시하고 자세한 세부 사항에 대한 결정은 전체 모임에서 결정될 수 있기를 바란다.

가해 청소년이 결정된 내용을 직접 발표할 수 있도록 격려하라.

여기에는 두 가지 이유가 있다. 가해 청소년이 계획을 발표할 수 있는 경우라면 코디네이터는 그 청소년이 이 사안을 이해하고 있음을 합리적으로 쉽게 판단할 수 있다. 또한 이 과정은 대화 주제의 중심을 가해자와 피해자 사이의 대화로 다시 돌리게 하는 경향이 있다.

가해자 가족이 수립한 실행 계획을 가해 청소년이 발표한 후에는, 아무런 방해나 반대 없이, 피해자에게 그 계획에서 더하거나 빼고 싶은 사안이 있는지 물어보라. 이렇게 함으로써 피해자가 스스로 최종 결정에 관여할 수 있는 권리가 있음을 느끼게 하여 피해자에게 힘을 실어 줄 수 있다. '찬성-반대', '예-아니요' 식의 질문은 피하고, 개방형 질문을 사용해서 추가적인 토론을 유도하라.

피해자가 자신의 요구 사항을 다 밝힌 후에, 가해 청소년과 그 가족들과 함께 세부적인 계획을 세워야 한다. 이때가 바로 경찰이나 청소년 법률 옹호자 같은 전문가의 참여가 필요한 시점이다. 경찰이 피해자가 요구한 계획이나 피해자에게 제안된 사안들에 대해 수정을 요구하는 경우는 매우 드물다. 오히려 경찰은 모두에게 이익이 되는 부분을 강조하곤 한다. 참석자들이 피해자의 관심과 요구 사항에 대해 알게 되면 경찰은 최종 실행 계획이 피해자와 지역사회의 이익에 부합하도록 조정할 수 있는 더 나은 위치에 서게 된다.

다음 단계는 동의를 구하는 것이 아니라 가해자의 가족이 그 계획에 대해 어떻게 생각하는지를 좀 더 알아볼 수 있는 시간을 마련하는 것이다. 때때로 가족들은 어떻게 실행해야 할지 그 방법을 잘 몰라서 도움을 바란다는 표현을 하기도 한다. 이때 코디네이터가 결정을 내리지 않는 것이 매우 중요하다. 대신 피해자나 가해 청소년과 그 가족이 결정할 수 있는 몇 가지의 선택 사항을 제시해야 한다.

예를 들면 가해 청소년이 얼마나 그 계획을 잘 실행하고 있는지를 피해자에게 주기적으로 알려 주기를 원할 수도 있지만, 가해 청소년이 이런 요구 사항을 제대로 수행할 수 있을지 불확실할 때도 있다. 코디네이터는 다양한 수준의 상호작용이 발생하는 몇 가지 선택 사항을 제시할 수 있다. 예를 들면 계획의 최종 단계에서 가해자가 피해자에게 편지를 쓰게 하거나, 전체 수행 과정을 평가하기 위해 가족집단 컨퍼런스를 다시 여는 것이다.

실행 계획이 성공적으로 완료된 경우, 이를 축하하기 위해서 함께 준비하는 활동은 처음에는 모두가 힘들어 했던 상황을 긍정적인 결말로 전환하는 좋은 방법이 된다. 가해 청소년의 가족이 피해자를 집으로 초대해서 식사를 대접하거나 바비큐 파티를 열 수도 있다. 이런 아이디어는 어린 가해자에게 주어진 계획을 끝까지 실행하도록 추가적인 동기를 부여하는 기회가 된다.

최종 실행 계획서의 개요가 소개되면 실행 가능성을 점검하는 것이 중요하다. 계획을 세심하게 살펴서 각각의 결정 사항들이 측정 가능한지, 점검 가능한지 확인해야 한다.

각각의 계획은 언제 실행할 것인지, 누가 실행 여부를 확인할 것인지, 무엇을 얼마나 실행할 것인지 등 구체적인 사항을 포함해야 한다.

▶계획의 핵심 요소

- 피해자에게 우선순위를 두고 적합한 계획을 세워야 한다.
- 지역사회에 도움이 되어야 한다.
- 범죄 행위를 저지르게 된 근본 원인을 해결하기 위한 접근이 필요하다.
- 가해 청소년이 자신의 의무 사항을 실행하는 데 필요한 것을 확실히 지원해 주어야 한다.

사회봉사의 예

로버트는 일주일에 최소한 다섯 시간, 총 40시간의 사회봉사를 수행할 것이다. 로버트의 어머니는 이 봉사 활동을 구세군 양로원에서 2주 내에 실시할 수 있도록 사전에 협의할 것이다. 봉사 활동과 이수 시간은 구세군에서 편지로 확인해 줄 것이며, 이를 통해 계획 실행 준수 여부를 점검할 것이다.

최종 실행 계획서 내용이 확실하고 측정 가능한 방식으로 결정이 된 다음에는 피해자에게 보고하여 피해자가 그 결과에 동의하는지 물어본다. 그다음에는 가해 청소년의 가족이 동의하는지 물어보고, 동의할 경우에 경찰에게 확인을 요청한다. 만약 피해자가 나타나지 않는다면, 코디네이터는 다른 참석자들에게 자신이 다음날 피해자와 연락해서 피해자의 요구 사항이 잘 반영되었는지 물어보겠다고 알려야 한다.

이때 가해 청소년에게 "당신은 이 계획을 완수할 수 있다고 생각합니까?"라고 물어보는 것이 무척 중요하다. 만일 조금이라도 주저하는 기색이 있는지 잘 살펴야 한다. 가해 청소년이 '예'라고 대답하더라도, 혹시 이 계획이 결국에는 실패할 것이라고 느끼지는 않는지 물어야 한다. 이것은 가해 청소년이 단지 그 순간의 압박에서 벗어나기 위해 '예'라고 말하지 않았다는 것을 확증하기 위한 것이다. 만일 가해 청소년이 관심을 보인다면, 그가 어려워하는 부분이나 부담을 느끼는 부분에 대한 지원이 제공되어야 한다. 만일 집 안에만 머물러야 하거나 외출 금지 시간을 지켜야 하는 것에 부담을 느낀다면 그 시간에 다른 가족이나 도움을 줄 수 있는 친구들과 함께 집에 머물 수 있는지 확인해 볼 필요가 있다.

실행 계획에 대해 모두가 동의하는 단계에 이르면, 이는 가족집단 컨퍼런스가 95% 완료된 수준이다 가해 청소년이 계획을 수행하는 과정에서 능력이나 통제력을 벗어난 부분이 있으면 경찰이나 사회복지사, 주민 대표에게 알리도록 조언하라.

가족집단 컨퍼런스 참석자 중에서 동의하지 않는 사람이 있을 경우에 실행 계획서에 기록하는 두 가지 방법이 있다. 첫째, 가족집단 컨퍼런스에서 협상이 '편견 없이' 기록되었다고 명시할 수 있다. 그리하여, 최종적으로 합의안이 도출되지 않았을 때, 코디네이터나 진행자는 "가족집단 컨퍼런스에서 합의를 이끌어 내지 못했다."라고만 기록하고, 다른 견해나 의견은 기록하지 말아야 한다.

둘째, 참석자들이 계획의 일부에 찬성했을 경우, 합의에 이른 부분만 기록하도록 동의할 수 있다. 당사자들의 견해나 입장을 기록하지 않은 채, 진행자는 단순히 특정 안건에 대해 합의를 도출하지 못했다고 기록해도 된다. 예를 들면, "일단 최종 계획이 확정된 이후에, 가족집단 컨퍼런스는 사안들이 어떻게 실행되어야 하는지에 대한 권고 사항을 수립하는 데 실패했다."라고 기록하거나 "가족집단 컨퍼런스에서는 사회봉사를 이행하는 데는 동의했으나 몇 시간으로 정할지에 대해서는 합의하지 못했다."라고 기록한다. 이렇게 함으로써 법원이 어느 부분에서 중재가 필요한지를 분명하게 알 수 있다.

5단계: 마무리

만일 기도와 함께 가족집단 컨퍼런스를 시작했다면, 마칠 때도 기도를 하는 것이 좋다. 가족집단 컨퍼런스를 마친 후에 참석자들이 그 자리에 남아서 몇 분 정도 이야기를 나누는 것은 이상한 일이 아니다. 이는 처음에는 갈등 때문에 서로 불편했던 사람들이 가족집단 컨퍼런스 과정을 통해 화합에 이르게 하는 효력을 보여 주는 것이다. 많은 경우에, 가해자가 배상금을 지불할 수 있도록, 피해자가 가해자에게 일자리를 주선해 주기도 한다. 하지만 임금에서 배상금으로 지불하는 비율이를테면 임금의 50%를 배상금을 다 갚을 때까지 계속 지불함은 가해자의 재정 상황에 달려 있다.

어떤 경우에는, 피해자들이 가해자들과 어울려서 새로운 또래 집단을 만들거나, 피해자들의 집을 방문하여 관계를 회복하기도 한다. 뉴질랜드의 법에 따르면, 다음의 두 가지 예외 사항을 제외하면 가족집단 컨퍼런스에서 어떤 내용이 논의되어야 하는지에 대해서는 제한이 없다. 첫째, 사회봉사 활동의 최대 시간은 200시간을 초과할 수 없다. 둘째, 법원이 명령하는 배상금은 실제 손실액을 넘어서거나 부수적인 피해의 보상을 포함해서는 안 된다.

▶**실행 계획서에 포함되어야 할 내용**
- 법적 제도와 관련된 문제들
- 배 상
- 예 방
- 감 독

실행 계획서 작성

실행 계획서의 구성 방식은 중요하다. 제일 좋은 구성 방식은 실행 계획을 분명히 드러내 주고, 이행되어야 하는 영역들이 잘 분류

된 것이다. 계획 실행의 최종 기한과 기대치를 포함하여 계획의 모든 부분이 명확하게 기재되어야 한다.

사례 예시

내가 진행을 맡은 어느 가족집단 컨퍼런스에 여섯 집단4곳의 정부 기관과 2곳의 지역사회 조직이 참석하게 되었다. 실행 계획을 성공적으로 수행하기 위해서는 참석자들의 적극적인 협력이 필요했고, 참석자들은 마칠 때까지 적극적으로 참여하겠다고 내게 약속해 주었다.

실행 계획은 성공적으로 수행되었으며, 나는 그 내용을 모든 참가자에게 문서로 보내서 알렸다. 얼마 지나지 않아 피해자에게 연락이 왔다. 그는 가족집단 컨퍼런스를 마치고 떠날 때에는 모임의 결론이 성공적으로 수행되지 못할 것 같다고 생각했는데, 생각 외로 이후의 진행 절차가 훌륭했다고 말했다. 평생 공무원으로 살았던 그는 경험상 정부 기관이 가장 꺼리고 서툰 부분이 다른 기관이나 지역사회와 협력하는 것이라고 생각했고, 그래서 그 계획이 실패할 것이라고 믿었던 것이다.

이 가족집단 컨퍼런스의 성공 여부는 여섯 집단이 서로 협력하는 것에 달려 있었다. 그는 가족집단 컨퍼런스 과정이 정부 부처나 지역사회 사이에 오랫동안 세워져 있던 장벽을 극복하는 힘을 가졌다는 것에 강한 인상을 받았다고 말했다.

다음은 바람직한 실행 계획서에 포함되어야 하는 4개 영역이다.

1. 법적 제도와 관련된 문제

가족집단 컨퍼런스는 경찰, 검사 또는 법원 등의 사법 기관에 무엇을 요청했는지를 명확히 해야 한다. 예를 들어, 실행 계획이 성공적으로 완수되면 경찰 또는 검사가 더 이상의 조치를 취하지 않는다는 것 또는 가족집단 컨퍼런스가 사건을 재판에 회부할지를 추천한다는 것을 명시해야 한다. 만약 사건이 재판에 회부된다면, 실행 계획서에는 법원이 사건을 어떻게 관리해야 할지를 권고하는 내용이 기재될 수 있다. 가족집단 컨퍼런스는 실행 계획이 최종적으로 수행될 때까지 재판을 연기해 달라고 법원에 요구할 수 있으며, 그리고 실행 계획이 성공적으로 지켜지면 그 사안은 공식적인 전과 기록 없이 철회되거나 면책되도록 명시할 수 있다. 한편 사건이 법정으로부터 의뢰된 경우에는, 가족집단 컨퍼런스는 실행 계획을 포함한 종합적인 선고를 권고할 수 있다.

2. 배상

배상 부분에서는 가해자가 피해자와 지역사회를 위해 '원상태로 바로잡는 것'에 초점을 맞춰서 결과를 기록해야 한다. 이에 대한 실행 계획의 결과물로는 원상회복, 배상, 사회봉사 활동 등이 있다. 이것은 피해자의 관심과 요구를 가장 중요하게 생각하면서 가족집단 컨퍼런스를 진행하고 있다는 것을 피해자에게 보여 주는 기회가 된다.

3. 예방

이 부분은 합의된 실행 계획의 결과물이 범죄의 근본 요인을 제거하는 데 일조하고, 가해자가 피해자에게 한 약속을 지킬 수 있도록 지원하는 것을 목적으로 한다는 내용을 포함한다. 이러한 결과물에는 예컨대 약물과 알코올 중독 상담, 가족 상담 또는 감독을 받는다는 조항이 포함되어 있다.

4. 감독

가족집단 컨퍼런스의 합의 계획을 관리, 감독하는 것은 다른 어떤 과정만큼이나 중요하다. 실행 계획이 완수되도록 도와주는 성인 또는 기관들은 실행 계획이 끝까지 완수되도록 지켜보는 끈기를 가져야 한다. 계획을 완수하지 못하고 결국 실패하는 것은 대부분 감독자가 가족집단 컨퍼런스의 진행 과정 전반에 걸쳐 관리, 감독의 임무를 완수하지 못한 것에 기인한다.

누가 무엇을 감독할지, 누구에게 보고할지, 각 단계의 시한은 언제인지에 대해 구체적으로 실행 계획서에 명시해야 한다. 좋은 관리, 감독을 하기 위한 최상의 방법은 책임을 나누고 각각의 결과에 대한 특정한 임무를 기술하는 것이다. 실행 계획의 마지막 부분에는, 감독을 맡은 사람들이 각 영역이 완수되었다는 것을 누구에게 보고해야 하는지 기록해야 한다. 계획의 이행 과정을 점검하기 위해 감독하는 사람이 얼마나 자주 가해 청소년과 접촉하는가를 기록하는 것도 좋은 실천 방법이다.

반복해서 강조하자면, 성과가 측정 가능하다면 관리 감독하는 데 크게 도움이 된다. 누가, 언제, 어디서, 얼마나 많이 계획을 수행했는지 명확하게 하라. 특정 계획을 언제 시작하고 어제 완수할 것인지 날짜를 기록해 놓으면 감독 과정에 크게 도움이 된다.

실행 계획이 제대로 완수되었는지의 여부에 관한 논쟁을 피하기 위해서는, 이른바 '합리적 누구에게?'이라거나 그 밖의 다른 불명확한 요소를 내포한 계획을 피해야 한다.

가해 청소년과 가족들에게 가능한 한 많은 책임감을 부여하라. 중요한 원칙 중 하나는 가해 청소년을 위해 가족이 가진 모든 수단과 능력을 발전시키는 것임을 기억하라. 청소년이 그 계획을 성공적으로 마쳤을 때, 모든 참여자에게 알려야 한다는 것을 실행 계획서에 명시하라. 만약 실행 계획서에 종결 모임 또는 축하 행사가 포함되었다면, 그것도 역시 미리 준비해야 한다.

확대 가족을 참여시키기

가족집단 컨퍼런스는 가해자의 가족을 지지하는 확대 가족 또는 그리고 지역사회에 의해 주도될 때 가장 바람직하게 진행된다. 다음은 가족집단 컨퍼런스가 원만하게 진행될 수 있도록 돕기 위한 몇 가지 제안이다.

확대 가족은 항상 첫 번째로 고려해야 하는 자원이다. 그러나 어떤 확대 가족은 자원으로서의 역할을 수행하기 어려운 경우가 있다. 즉, 나이와 거리와 질병 때문에 도움을 줄 수 없으며, 다른 가족들을 돌보느라 바빠서 시간을 내지 못할 수도 있다. 이러한 여러 이유로, 더 큰 외부의 도움을 필요로 하는 가족이 있을 수 있으며, 이러한 논의가 컨퍼런스 과정에서 이루어져야 한다. 그렇지 않으면 다음 두 가지 상황 중 하나 또는 두 가지가 발생하기 쉽다.

첫 번째 가능성은, 가족집단 컨퍼런스 진행 과정에서 가족들이 자신들의 앙금을 모두에게 털어놓았으나, 결과적으로 수치심과 절망감이 들게 되는 것이다. 이때 가장 쉽게 나타나는 결과는, 가해 청소년과 그의 가족들이 의무감을 느껴서 의무를 다하겠다고 약속했지만, 그 약속이 결국 제대로 완수되지 않을 때이다. 이러한 과정은 어느 누구도 유익이 되지 못하고 가족들에게 실망감을 안겨 주게 된다.

두 번째 가능성은, 가족집단 컨퍼런스가 결과합의를 도출하기 위해 양보를 이끌어 내는 것이다. 그러나 피해자는 이러한 비생산적인 결과의 대가를 대부분 견뎌 내야 한다. 가까스로 하루하루 생활비를 충당하는 가족들은 최소한의 보상에만 동의할 수밖에 없다. 그런데 단기간에 배상금뿐만 아니라 약간의 선물까지도 마련해서 두 명의 피해자들에게 준 가족도 있다. 이들은 확대 가족과 지역 주민들과 함께 소시지를 굽고, 세차를 하고, 노점상을 운영하여 돈을 마련했던 것이다. 지역사회 지지망을 통해 가해자와 그 가족들은 피해자에게 제공해야 할 의무배상금 이상으로 충분하게 배상을 할 수 있게 되었다.

이처럼 가해자의 가족을 위해 이용 가능한 지지망을 확보하는 것은 매우 중요하다. 지지망은 다양해야 하며, 가족들의 선택이 가능해야 한다. 이 지지망은 가해자 가족이 그들의 의무를 수행하는 과정에서의 모든 측면에서 부담을 나누는 데 사용될 수 있다. 지역 사회 내의 집단들은 최종 실행 계획을 수행하고 감독하는 데 도움이 되는 수많은 자원을 제공할 수 있다. 또한 그들은 가해자 가족에게 제공할 수 있는 많은 서비스와 프로그램을 가지고 있다. 지역 사회 내 집단들은 가해자 가족의 문화적 배경에 어울릴 수 있는 잠재력을 가지고 있으므로, 가해자와 그의 가족에게 도움이 될 수 있는 역할 모델을 제공할 수도 있다.

회복적 사법 정의는 공동체 형성 과정이다.

제4장 • 가족집단 컨퍼런스를 넘어서

웰링턴과 다른 지역에서 얻은 나의 경험은 가족집단 컨퍼런스가 지역사회 전체의 노력으로 이루어질 때 가장 효과적이라는 것을 입증해 주었다. 더욱 큰 효과를 얻기 위해서는 지역사회 조직과 단체들이 가족집단 컨퍼런스와 후속 조치에 참여하는 한편, 전반적인 청소년 범죄 문제들을 해결하는 노력에 동참해야 한다.

가족집단 컨퍼런스의 전 과정에 지역사회의 단체들이 참여하는 것은 가해 청소년과 그 가족을 위해 여러 단체들이 협력하는 기회를 제공하며, 궁극적으로는 단체들의 효율성을 향상시키고, 서비스의 중복을 피하고, '빈틈없는' 서비스를 제공할 수 있도록 한다. 지역사회의 단체들의 효율성을 더욱 높이기 위해서는 가해 청소년과 그 가족들이 수행하기로 한 약속에 대해 제대로 이해하고 있어야 한다.

지역사회 활동을 위한 기금 마련 사업은 대부분 매우 쉽게 지역사회로 전파된다. 경험에 따르면, 가족집단 컨퍼런스 과정에 참여하는 지역사회 기관들은 지속적으로 협력하고 더 효과적으로 자원을 활용할 수 있도록 관계를 설정한다.

가족집단 컨퍼런스를 위한 컨퍼런스

지역사회 조직들의 효율성을 높이기 위해서는 '가족집단 컨퍼런스를 위한 컨퍼런스'가 확대되어야 한다. 경찰과 함께 이 컨퍼런스에 참여하는 코디네이터는 종종 가족집단 컨퍼런스에서 나타난 특정한 유형이나 경향을 파악할 수 있다. 지역사회의 여러 기관들이 함께 모여 근본적으로 범죄 문제를 해결하기 위해 노력하는 것을 지원함으로써, 코디네이터는 범죄 예방 전략을 개발하는 일을 선도할 수 있다.

가족집단 컨퍼런스에서 진행자는 나에게 피해자와 그의 어머니를 도와달라고 부탁했다. 잔인하게 구타를 당한 피해자와 그의 어머니는 가해자와 함께하는 가족집단 컨퍼런스에 참석하기를 원치 않았다.

혈연관계가 약간 복잡한 가해자의 가족은 서로 사이가 좋지 않았다. 그들은 가족집단 컨퍼런스에 참석한 사람들 앞에서 계속해서 서로 싸웠다. 피해자가 발언을 하는 동안 가해자의 어머니는 자신의 아들이 언어폭력을 당했다고 느꼈다. 진행자는 가해자의 어머니에게 적절한 의사 표현을 함으로써 가족집단 컨퍼런스가 무사히 지속될 수 있도록 모두를 진정시켰다.

그러나 매우 오래 지속된 가족 협의가 끝나고 나서, 큰 변화가 있었다. 가해자의 가족은 함께 협력해서 실행 가능한 계획을 수립했고, 피해자와 그의 가족은 진심으로 가해 청소년의 아들에게 심한 말을 했던 것에 대해 사과했다.

나는 가족집단 컨퍼런스가 끝난 후에 피해자의 어머니가 편

안한 표정으로 미소를 지으며 나와 진행자에게 한 말을 기억
한다. 어머니는 이 불미스러운 장면을 뒤로 하고 사법 정의와
희망을 경험했다고 말했던 것이다.

익명의 관찰자

지난 3년 이래로, '청소년 지원 경찰Youth Aid Officers'의 긴밀한 협
력 아래 소년사법 코디네이터는 지역사회의 기관들과 함께 뉴질랜
드의 수도 웰링턴에서 청소년의 범죄를 극적으로 줄이는 성과를
이루었다. 우리는 청소년 법정 출석의 58%를 차지하는 청소년 집
단들의 공통 요인을 파악할 수 있었다.

그중 한 가지를 소개하면, 마오리족의 젊은 범죄자들은 자신의
부족 전통과 지역사회와의 접촉을 피하려 하는 경향이 있다는 것
이었다. 우리는 가족집단 컨퍼런스에서 배운 경험을 토대로, 어느
마오리족 청년이 저지른 범죄 행위를 해결하는 방법을 찾으려 노
력하는 마오리족의 사회봉사 단체를 도울 수 있었다. 또한 우리는
그들의 초기 활동 시작을 위한 자금을 지원해 줄 만한 기관들에 대
한 정보를 제공했다. 결국, 제안서가 채택되어 그들은 자금 지원을
받았고, 6개월짜리 프로그램을 시행할 수 있었다.

범죄 원인에 초점을 맞춘 프로그램의 초기 시행 결과는 놀라웠
다. 마오리족 청소년들의 범죄는 법원 통계에서 완전히 사라졌다.
프로그램 시행 6개월 만에 웰링턴에서 도둑질 및 자동차 절도의 수
치는 현저하게 떨어졌으며 지금도 낮은 수치를 유지하고 있다.

'가족집단 컨퍼런스를 위한 컨퍼런스'의 또 다른 사례는 청소년 또래 집단과 관련된 문제를 해결하는 것과 관련이 있다. 부모들은 청소년들이 또래 집단의 영향력을 무시할 수 없다는 것을 알기 때문에, 또래 아이들이 가족집단 컨퍼런스에 나오도록 계획을 세운다. 나는 가족집단 컨퍼런스가 마칠 무렵이면 가해 청소년들이 진정한 양심의 가책과 책임감을 갖게 되는 장면을 자주 목격한다. 하지만 몇 주일 이내에 그 책임감이 또래 친구들에 의해 수그러드는 것도 역시 보게 된다. 또한 나는 가족집단 컨퍼런스에 나온 대부분의 또래 집단이 유사한 방식으로 범죄를 저지르고 있다는 것을 알게 되었다. 내가 깨달은 것은 청소년들이 개별적으로 참석하러 오기까지 기다릴 필요가 없다는 것이었다. 세 번의 가족집단 컨퍼런스가 진행되는 동안이면 우리는 가해 청소년의 또래 친구들이 누구인지 알아볼 수 있게 되었다. 그들은 주로 가족집단 컨퍼런스에 초대되지 않는 사람들의 명단청소년이 함께 어울리기를 원치 않는 친구들의 명단에 속하곤 하는데, 가해 청소년의 부모가 느끼기에 그들이 자신의 자녀에게 나쁜 영향을 미친다고 생각하기 때문이다.

나는 지역사회 내 청소년 범죄에 관한 문제들에 대해 충분한 정보를 얻고 난 뒤, 적절한 지역사회 기관들에게 모임에 참석해 달라고 요청했다.

내가 참석을 요청한 기관은 4개 이상의 지역사회 단체들, 경찰, 교육 기관이었다. 나는 가해자들과 관련된 프로필을 공유하고 다른 참가자들의 경험과 의견을 나누기 위해 노력했다. 모임은 여타의 가족집단 컨퍼런스와 거의 비슷하게 진행되었다. 주요 내용은 지역사회 집단들과 정보를 공유하기, 충분하게 논의하고 권고 사항을 준비할 시간을 제공하기, 최종 결정을 위한 협상 시간을 허용하기 등이었다. 이렇게 해서 모임이 끝날 무렵, 최종 계획서 초안의 윤곽을 갖추게 되었다. 나는 이 내용을 바탕으로 초안을 작성했다. 그리고 나서 가족집단 컨퍼런스에 참여한 사람들에게 계획서 초안을 검토할 시간을 준 후에 다음 모임을 소집했다. 제2차 모임에서, 나는 최종 계획서를 만들기 위한 추가 정보를 얻었으며, 참석자들의 참여 의사를 확인했다.

마지막 단계에서는 최종 제안서를 행동으로 옮기기 위해 추가적으로 필요한 지원을 확보하는 노력이 필요했다. 이미 정부 기관, 지역사회, 관련 단체 및 경찰 등의 지원을 확보했기 때문에 이 시점에서의 기금 마련은 일반적인 경우보다는 좀 더 수월했다.

지역사회와 협력하는 전략을 통해, 우리는 가해 청소년의 또래 친구들 전체가 변화될 수 있도록 지원 노력을 이끌었다. 가족집단 컨퍼런스 과정을 마친 후, 또래 친구들의 부정적인 영향이 사라지고 긍정적인 방법으로 서로를 지원하기 시작하는 데에는 오랜 시간이 걸리지 않았다. 또한 우리는 청소년과 그 가족에게 도움이 될 수 있는 기관이나 서비스를 연결할 수 있는 프로그램을 만들었다.

이러한 방식을 통해, 지역사회 단체들은 추후의 가족집단 컨퍼런스를 더 효과적으로 진행할 수 있는 자원과 경험을 얻게 되었다. 이를 통해 단체들은 널리 알려지게 되었고, 기금 신청 경험을 바탕으로 단체들의 재원 마련 능력이 향상된 것은 단지 단순한 일회성 효과를 넘어선다. 통계로 보여 줄 수 있는 긍정적인 성과를 명확하게 제시할 수 있기 때문에, 코디네이터로서 나는 이 단체들을 공개적으로 지지할 수 있었다. 지역사회 집단들은 또한 어떤 서비스가 필요한지, 그리고 어떻게 청소년들이 편안하게 이용할 수 있는지에 대해 더욱 정확하게 이해할 수 있었다. 그리하여 서비스 전달 체계는 가족의 역량을 강화하는 데 효과가 증명된 방식으로 전환되었고, 지역사회 기관들이 최종 계획 실행을 감독하는 데에도 도움이 될 수 있었다.

지난 3년 동안에 웰링턴의 청소년 범죄의 3분의 2가 줄어들었다. 1996년에는 554건의 기소 사건에 관여했으나 1999년에는 174건으로 줄어들었다. 같은 기간 동안 가족집단 컨퍼런스가 실시된 사건은 160건에서 78건으로 감소했다. 이와 같은 성과를 거둔 데에는 세 가지 주요 요인이 있었다. 즉, 효과적인 가족집단 컨퍼런스, 경찰과 청소년 법률 코디네이터와 협력자들의 긴밀한 협조 체계, 청소년 범죄의 근본 문제를 해결하고자 하는 지역사회의 노력이다. 가족집단 컨퍼런스는 뉴질랜드 사법 제도에서 강력한 사법 정의 구현 수단으로 실시되는, 결코 가볍게 볼 수 없고 대단히 성공적인 제도이다.

사모아인과 백인 혼혈인 13, 14세가량의 길거리 소녀가 어느 중년 여성의 지갑을 훔치려 했다. 이 사건과 관련하여 열린 가족집단 컨퍼런스에 약 40명의 인원이 참석했다. 그 소녀는 대단히 혼란스러워 보였고, 몸을 웅크린 채 눈동자에는 초점이 없었다. 마치 소녀의 슬픔이 방 전체로 퍼져 나가는 느낌이었다. 사모아인인 소녀의 어머니는 유방암 투병 때문에 오스트레일리아에 있었다. 소녀의 아버지, 결혼한 언니, 친척 몇 사람이 사회복지사, 경찰, 다른 관계자들과 함께 가족집단 컨퍼런스에 참석했다. 거동이 불편한 친척을 포함하여 사모아의 문화적 배경을 가진 '이모들'이 그녀를 돕기 위해 참석했다.

소녀가 가족 협의를 하는 동안에도 가족집단 컨퍼런스는 오랜 시간을 함께 기다려 주었다. 전체 참석자들이 최종 결정 사항을 들으러 다시 모였을 때, 그들은 소녀가 직접 발표하도록 격려했다. 원형으로 둘러앉아 가족집단 컨퍼런스를 다시 시작했을 때, 소녀는 완전히 다른 사람처럼 보였다. 소녀는 활기가 넘쳤다. 소녀는 최종 결정 사항에 대해 잘 설명했을 뿐만 아니라 모두를 바라보며 웃기도 하고 농담도 했다. 참석한 모두는 진심 어린 마음으로 예쁜 그 소녀를 보살폈다. 그 광경을 목격한 것은 정말로 축복이었다.

익명의 참여자

어느 밤, 나는 동네 문화 센터에서 열린 가족집단 컨퍼런스에 진행자와 함께 참석했다. 가족집단 컨퍼런스가 시작되기 전에 우리는 함께 다과를 먹으면서 친교의 시간을 가졌다. 어느 한 청년이 내가 있는 쪽으로 다가와서 내 옆에 앉았다. 대화가 진행되는 동안 나는 가족집단 컨퍼런스를 보고 배우기 위해서 왔다고 나를 소개했다. 그가 말했다. "오, 그렇군요. 나도 가족집단 컨퍼런스에 몇 번 참석했지요." 나는 물었다. "그래요? 나를 저분들께 소개해 줄 수 있나요?" 그는 아무렇지도 않은 듯 말했다. "저 사람들은 나를 위해 이 가족집단 컨퍼런스에 왔어요." 그리고 나서 그는 가족집단 컨퍼런스가 자신을 완전히 새 사람으로 만들어 놓았다고 말하며 찬사를 늘어놓았다. 그는 수많은 문화적 노력을 기울인 끝에 아내와 아기, 그리고 스스로 자랑스러워하는 직업을 갖게 되었다고 말했다. 내가 무슨 일을 하느냐고 묻자, 그는 정비, 청소를 한다고 대답했다. 나는 그에게 잘 어울리는 직업이라고 말해 주었다. 그는 말했다. "그럼요. 딱 맞는 일이죠. 나는 맥도날드에서 일하는데 식탁, 바닥, 화장실 등 모든 청소 일을 다 한답니다. 난 내 일을 정말 좋아해요." 그의 태도에서 나는 그가 진정으로 자존감 있고 성실하게 일하고 있음을 알 수 있었다. 그는 곧 맥도날드 매장 몇 개를 차릴 기세였다. 그는 예전에는 늑대처럼 살았지만 지금은 온전하게 자신의 삶을 살고 있다.

익명의 참여자

사례 소개

나는 어느 난민 소년을 위해 가족집단 컨퍼런스를 개최한 적이 있다. 그 소년은 자신의 양육자인 할머니와 고모와 함께 뉴질랜드로 왔다. 그 당시 뉴질랜드는 소년의 나라로부터 난민을 막 받아들이는 시기였기 때문에, 소년에게는 다른 가족이나 동포는 거의 없었다. 세 사람은 뉴질랜드에 올 때에 손에 들고 올 수 있는 약간의 짐을 제외하고는 아무것도 가지고 오지 못했다. 그들의 유일한 수입은 뉴질랜드 정부에서 받는 돈이었으며, 그 돈은 음식과 주거 등 가장 기본적인 것을 위해서만 제공되는 것이었다.

기소된 내용은 심각한 사건이었다. 소년이 돈 때문에 할머니를 폭행한 것이다. 소년이 돈을 가져가서, 집세를 내지 못하게 된 할머니는 이로 인해 발생한 일에 대해 두려워하고 있었다. 절망한 할머니는 이 사건을 소년의 고모에게 알렸고, 고모는 이를 경찰에 신고했다.

경찰은 이 사건을 처리하는 과정에서 소년을 체포하지 않고 가족집단 컨퍼런스에 회부했다. 나는 할머니와 고모를 만나 가족집단 컨퍼런스를 어떤 방식으로 진행해야 할지, 그리고 꼭 지켜야 할 모국의 문화적 절차나 종교적인 절차가 있는지에 대해 의논했다. 이 만남을 통해서 나는 할머니가 1회 이상 폭행을 당했다는 것을 알게 되었고, 할머니는 어디에 도움을 청해야 할지를 모르는 상태였다.

나는 그 소년을 만나 가족집단 컨퍼런스의 절차를 설명하고, 혹시 필요한 지원이 있는지를 확인했다. 담당 교사가 참여하기로 했으나, 그것만으로는 충분하지 않을 것이 분명했다. 나는 '생존자로서의 피해자Victim as Survivors'와 '난민과 이주민을 위한 서비스 단체Refugee and Migrant Service Trust' 두 기관에 연락을 취했다. 두 기관 모두 가족집단 컨퍼런스에 참여한 적이 없었지만, 이 사안을 지원해 주기로 동의했다.

　나는 한 기관에는 할머니를 직접적으로 도와달라고 요청했고, 다른 기관에는 소년이 할머니에 대한 자신의 책임을 다할 수 있도록 도와달라고 요청했다. 그리고 나서, 나는 할머니가 지원 기관을 방문하여 자신의 상황을 설명하고 서로 의견을 나눌 수 있는 자리를 마련했다. 또한 그들은 할머니가 가족집단 컨퍼런스에서 자신의 이야기를 나눌 수 있도록 도움을 주었다. 또한 나는 할머니에게 그들이 할머니를 가족집단 컨퍼런스가 열리는 장소까지 모시고 갔다가, 마치면 다시 집까지 안전하게 모셔다 줄 것이라고 말씀드렸다. 나는 또한 소년이 그의 지원 기관을 방문하도록 주선했다. 그들은 소년이 저지른 잘못을 바로잡고자 하는 계획을 잘 수행하고 완수할 수 있도록 돕겠다고 약속했다.

　가족집단 컨퍼런스는 그들의 모국어 기도로 시작되었으며, 통역사를 활용하여 충분한 의사소통이 이루어지도록 했다. 할머니는 소년과 마찬가지로 상세하게 자신의 이야기를 풀어놓았다. 자신이 저지른 행동이 할머니에게 어떤 영향을 가져왔는지를 이해하게 된 소년은 눈물을 쏟았다. 시간이 지남에 따라 소년은 그의 가족 세 명이 뉴질랜드 난민촌에 도착하기 전에 무슨 일을 겪었는지, 살아남기 위해서 어떤 일들을 감당해야 했는지, 그리고 돈이 없으면 다른 사람과 함께 어울릴 수 없는 이 새로운 현실에 대해 어떻게 느꼈는지에 대해 말할 수 있게 되었다. 소년과 할머니가 외로움, 분노, 상처의 감정을 서로 공유하는 시간이었다.

가족집단 컨퍼런스를 통해 도출된 실행 계획은 그 청소년이 가져간 돈을 모두 갚는다는 것이었다. 그는 도움을 받아 시간제 일로 직장을 구할 수 있었다. 할머니가 소년과 함께 살아도 안전하다고 확인될 때까지 소년은 할머니와 함께 살 수 없다는 내용도 계획서에 명시되었다. 또한 소년은 난민촌에서 경험한 분노를 극복할 수 있도록 상담을 받게 되었다.

소년이 약속을 지키고 있는지, 할머니와 함께 잘못된 것을 바로 잡고 있는지를 점검하기 위해, 같은 나라 사람이 인생길라잡이로 선정되었다. 이외에도 소년에게 할머니를 위한 식사를 준비한다거나 할머니께 사과 편지를 쓸 것을 요구했다. 또한 소년은 사회봉사 활동을 완수할 것과 학교에 매일 출석할 것을 요구받았다. 그는 숙제하는 일에 도움을 받을 수 있었고, 이 계획은 성공적이었다. 소년은 다른 범죄를 저지르지도 않았으며, 자신에게 주어진 과제를 완수했다. 가장 의미 있었던 일은, 가족집단 컨퍼런스가 애초에 계획했던 것을 넘어서서, 소년과 할머니 모두가 뉴질랜드에서 새로운 삶을 시작할 수 있도록 지지해 주고 도와줄 새로운 친구를 만났다는 것이다.

부록 • 조사 연구와 통계

뉴질랜드 정부의 조사 연구

2003년 6월, 뉴질랜드의 연구자 가브리엘 맥스웰은 1998년에 실시된 뉴질랜드 가족집단 컨퍼런스에 참여한 청소년 1,003명에 대한 추적 연구와 추가 자료들을 토대로 연구 보고서를 발표했다. 다음은 이 연구 보고서의 결과를 요약한 것이다.

• 1989년 '아동·청소년과 가족에 관한 법'의 발효 이후, 소년 법원에 기소된 청소년의 수는 1987년의 1만 명당 600명에서 2001년에는 1만 명당 250명으로 현저하게 줄어들었다.

• 구속 수감된 청소년의 수도 1987년의 약 300명에서 2001년에는 100명 선으로 줄어들었다.

• 대부분의 가족집단 컨퍼런스90%는 가해 청소년의 책임을 부여하는 내용을 반드시 포함하고 있으며, 80% 이상의 가해 청소년들이 부과된 과제를 성공적으로 완수했다. 책임 실행 계획서의 80% 정도는 피해자의 피해 보상을 포함하고 있다.

• 책임 실행 계획서의 50%는 재활 또는 재통합과 같은 청소년의

복지 향상을 측정하도록 구성되어 있다.

• 피해자와 가족들을 비롯해 필요한 사람들이 가족집단 컨퍼런스에 참석해야 하며, 광범위하게 성취할 수 있는 것들이 합의 내용에 포함되어야 한다. 모든 피해자들이 참석하는 것은 아니다. 모든 피해자들이 참석을 선택하는 것은 아니기 때문이다.

• 가족집단 컨퍼런스에 참여한 이후, 일부 청소년들은 부정적인 생활을 지속하거나 재범을 저질렀지만, 대부분 청소년들은 긍정적인 목표들을 발전시키고 성공적으로 그 목표를 성취할 수 있었다. 다른 연구 보고서에 따르면 후속 가족집단 컨퍼런스와 같은 양질의 프로그램이 제공된다면, 성과는 더욱 긍정적인 것으로 나타난다.

• 1989년 '아동·청소년과 가족에 관한 법'이 발효되고 몇 년이 지나면서, 소년사법 제도는 지속적으로 강화되고, 더욱더 회복적인 방향으로 변화되었다. 경찰은 징벌적인 철학보다는 회복적 철학을 반영하는 자체적 전환 실천 프로그램들discovery practices을 발전시켜 왔다. 비슷하게, 소년 법원도 포괄적 측면으로 변화되었다. 아울러 재통합적이고 재활적 측면의 프로그램들이 가해 청소년들에게 제공되어 왔다.

동시에, 실천적인 측면에서 상당히 발전을 이룬 부분이 나타나게 되었다. 예를 들어 참석률과 합의가 증가했으며, 문화적 쟁점들이 고려되고, 소년 법원의 의존율이 줄어들게 되었다.

"연구 결과에 따르면, 소년사법 절차의 특성은 청소년들의 삶에 중대한 영향을 미친다. 즉, 청소년들의 범죄 행위를 감소시켜 주거나 다른 긍정적인 삶을 살 수 있는 가능성을 높여 주는 데 지대한 영향을 끼칠 수 있다. 회복적 실천은 임파워먼트, 손해 배상, 재통합적 성과들을 포함하고 있으며, 이러한 결과들이 긍정적인 차이를 만들어 내고 있다. 반면에, 기존 사법 정의 제도 내에 배어 있는 배태성embeddedness, 혹독하고 징벌적인 결과, 낙인적 수치심은 부정적인 영향들로 나타나고 있다."

2003년 6월 가브리엘 맥스웰

가족집단 컨퍼런스의 유익한 점

피해자에게 유익한 점

가족집단 컨퍼런스에 참가한 피해자는 범죄 때문이 자신이 입은 피해에 관해 가해자에게 말할 기회를 얻는다. 피해자는 가해자와 만남으로써 어떤 일이, 왜 일어났는지에 대해 더 잘 이해하게 된다. 또한 잘못된 일을 바로잡기 위해 순차적으로 그들에게 필요한 것들을 발견하는 기회를 갖는다. 재판부의 명령보다 가족집단 컨퍼런스를 통해 합의가 이루어질 때, 피해자는 더 많은 손해 배상을 받을 수 있다. 피해자는 가해자와의 만남 이후 가해자의 위협이 줄어들고 안전감이 높아졌다는 것을 자주 실감하게 된다. 피해자들은 대부분 가족집단 컨퍼런스 과정에서 자신들의 권리에 대해 듣기 전까지는, 피해자들을 도와주는 곳이 있는지를 알지 못했다. 종합적으로, 피해자들이 가족집단 컨퍼런스에 참석하게 되면서 피해자들의 역량 강화가 이루어지게 된다.

가해 청소년에게 유익한 점

가해 청소년은 마찬가지로 자신의 행동이 야기한 영향을 더 잘 이해하고, 존중감을 되찾는 기회를 얻고, 적절한 성인 역할 모델들의 지도를 받으면서 지역사회 안에서 필요한 생활 기술들을 성공적으로 유지하고 발달시키게 된다. 이러한 기회를 통해 가해 청소년은 더욱 긍정적인 또래 집단들 속으로 들어가게 되며, 가해 청소년을 지지하고 지도할 수 있는 문화 공동체와 연결된다. 자신들의 문화에서 제공되는 지지는 청소년들이 피해자에 대한 의무를 더 효과적으로 완수하도록 도움을 준다.

가해 청소년의 가족에게 유익한 점

가해 청소년뿐만 아니라 그들의 형제자매들 모두에게, 가족집단 컨퍼런스는 매우 효과적인 도움을 제공할 수 있다. 가족은 가족 구성원이 저지른 범죄로 인해 발생하는 수치심과 실패감을 제거할 수 있는 기회를 갖게 된다. 가족은 종종 장기적인 지지망을 얻을 수 있다. 고립된 가족들도 지역사회와 연결될 수 있다.

지역사회에 유익한 점

가족집단 컨퍼런스 과정을 통해 지역사회는 범죄 문제들을 효과적으로 다룰 수 있도록 역량을 강화시키는 것과 관련된 정보를 제공받는다. 가족집단 컨퍼런스는 정부와 지역사회 조직과의 유대 관계가 더 밀접하고 효과적으로 구축될 수 있도록 촉진한다. 또한 가족집단 컨퍼런스는 예산 집행 액수를 줄이는 데 일조한다. 뉴질랜드에서는 구금과 재판 비용으로 소요되는 수백만 달러를 절약할 수 있었다. 가족집단 컨퍼런스는 지역사회가 참여할 수 있는 엄청난 기회를 제공했는데, 지역사회 주민들도 자신들을 피해자로서 인식하도록 했으며, 지역사회가 지역 구성원으로서 책임감을 가질 수 있는 방법을 제공했다.

경찰에게 유익한 점

가족집단 컨퍼런스는 경찰이 적절한 결과를 추구하는 데 힘을 보탤 수 있다. 경찰은 지역사회로부터 상당히 중요한 정보를 얻을 수 있는데, 이를 통해 경찰은 더 효과적으로 지역사회 자원을 확보할 수 있게 된다. 가족집단 컨퍼런스는 경찰이 청소년, 가족, 지역사회와 효과적인 유대 관계를 형성할 수 있도록 돕고, 그들과 접촉하는 사람들에게 더 나은 평가를 받게 해 준다.

또래 집단을 다루기 위한 제안

다음은 기본적인 또래 집단 문제를 다루기 위한 제안이다. 이 제안은 웰링턴에 사는 한 특정 소년 집단 안에서 있었던 부적절한 행동의 근본적인 원인을 다루기 위해 제안된 것이다. 모든 청소년들이 유죄로 기소된 것은 아니지만, 일부가 기소되었으며, 우리는 그들 모두가 동일한 범죄 활동에 연관되었다고 강하게 의심했다.

우리는 소년들이 다른 범행으로 계속 기소될 것이라고 예상했으나, 이 제안이 실행된 이후로, 어느 누구도 다른 가족집단 컨퍼런스로 회부되지 않았으며, 또한 내가 웰링턴에 사는 동안, 이후 3년이 지나도록 어느 누구도 법정에 서지 않았다. 이 프로젝트를 위해 1만 4000 뉴질랜드 달러의 비용이 들었다. 이 제안은 분명한 요구와 필요성을 인정받아 채택되어 실행되었고, 장기간의 가족집단 컨퍼런스 과정을 통해서 지역사회의 자원들과 조화를 이루었다. 이것은 프로그램 수행을 위해 집단을 억지로 끼워 맞추는 것이 아니라 특정 집단의 구제적인 요구를 채우기 위해서 설계되었다.

A. 이 제안에서 다루어지는 문제들

1. 약물 또는 알코올 남용

2. 교육 체계 밖의 생활 문제, 무단결석

3. 지역사회 내에서의 희박하거나 부재한 지지망, 지역사회 또는 문화에 대한 소속감의 부재

4. 부적절하거나 부재한 성인 역할 모델

5. 트라우마로 인해 발생하는 분노주로 육체적 또는 정신적 학대로 발생

B. 마오리족 청소년을 위한 제안에 포함된 내용

1. 약물과 알코올 남용을 해결하기 위한 집단 활동

2. 마오리족의 전통 노래와 춤 배우기

3. 생활 기술life skills을 배우는 프로그램, 독립생활을 위한 기술

4. 자신들과 밀접한 지역사회와 문화 속에서 도움을 주는 사람들과 연결되는 활동

5. 분노 조절

6. 경찰이 제공하는 운전 연수

7. 경찰이 제공하는 응급 구조 과정

8. 부모를 위한 지지, 지원, 교육

C. 이 기획안이 추구하는 목표

1. 모든 청소년들은 공식적인 교육 체계 안에 있거나, 6개월 후에는 취업이 되어야 한다.

2. 집단은 마오리족 전통 속에서 행사가 진행되는 라타나 교회 축제에 참석한다. 이 목표를 달성하기 위해서는 오랜 시간의 팀 훈련과 활동이 요구되었다.

3. 청소년들은 위와 같은 목표 달성을 축하하기 위해 사흘 동안

카누 여행을 완수한다.

뉴질랜드 가족집단 컨퍼런스의 형태

가해 청소년을 위한 가족집단 컨퍼런스에는 다음 네 가지 형태가 있다.

기소 의향 컨퍼런스(Intention to Charge Conference)

기소 의향 컨퍼런스는, 경찰이 가해자를 기소하기로 결정했으나 아직 가해자가 구속되지 않은 상태에서 진행된다. 이 컨퍼런스는 가능한 자원들을 찾아보고, 법정으로 가지 않고 사건을 다룰 수 있는지 여부를 검토한다. 만약 법정에 가야 한다는 결정이 난다면, 컨퍼런스는 법 집행 기관이 기소해야 한다는 법정에서 유죄로 기소하는 권고 사항을 작성하게 된다. 만약 컨퍼런스에서 합의가 이루어지지 않는다면, 법 집행 기관은 사건을 법정에서 진행하게 된다.

구금 조치 컨퍼런스(Custody Conference)

구금 조치 컨퍼런스는 구금 상태에서 청소년이 범행을 부인할 때 자동적으로 열린다. 이 컨퍼런스는 구금 이외의 다른 대안들을 찾기 위해 열리는 것이다. 만약 청소년이 구금 상태에 머물러야 한다고 합의한다면, 가족집단 컨퍼런스는 청소년의 구금 상태에서 어떤 종류의 프로그램이 제공되어야 하는지를 결정하게 된다. 이 컨퍼런스는 가족들이 가해 청소년에게 무슨 일이 일어났는지를 충분히 이야기하도록 돕는다.

혐의가 인정된 컨퍼런스(Charge Not Denied Conference)

법정에 출석한 가해 청소년은 발생한 사건에 대한 일종의 책임을 지고 있는지 여부에 대해 질문을 받게 된다. 이러한 질문은 보통 가해 청소년의 변호사, 국선 변호사를 통해 행해지고, 혐의가 인정되었음을 알려 준다. 이것은 공식적인 유죄에 대한 답변은 아니다. 이러한 경우, 법정은 어떻게 기소 내용들을 처리할 것인지를 컨퍼런스에서 추천하도록 지시해야만 한다. 혐의가 인정된 컨퍼런스에서는 기소 내용들을 법정에서 철회할 것인지, 구금하는 동안 보석금 지급 유무와 관계없이 청소년을 풀어 줄 것인지, 이들이 법정에 서지 않도록 불기소 처리를 할 것인지에 대한 권고 사항들에 대해 합의하게 된다. 그렇지 않으면, 법정에서 어떠한 판결과 실천 계획들이 내려져야 하는지에 관해서 컨퍼런스가 의견을 개진할 수 있다. 또한 컨퍼런스는 기소 내용이 더 정확하게 사건을 반영하도록 수정을 권고할 수 있다. 아울러 매우 중대한 혐의의 경우, 컨퍼런스에서는 해당 사건을 소년 법원에서 다루어야 할지, 아니면 지역 성인 법원에서 다루어야 할지에 대한 의견을 제시하기도 한다.

유죄가 입증된 컨퍼런스(Charge Proven Conference)

유죄가 입증된 컨퍼런스는 법정에서 변호 청취가 끝나고 청소년의 유죄가 인정되는 경우에 법정이 요구하는 컨퍼런스이다. 뉴질랜드에서 이 컨퍼런스는 법정에서 명령 또는 판결이 내려지기 전에 열린다. 이 컨퍼런스는 살인murder 또는 고의적 살인manslaughter이 아닌 다른 사건들에 적합하다. 또한 이 컨퍼런스는 법원이 선고를 내리거나 대안적 판결alternative outcomes을 내리도록 추천할 때 열린다.